KB116523

うきうき
우 키 우 키
일본어독해
중급

우키우키 일본어 독해 중급

지은이 기타지마 치즈코 · 구미라
펴낸이 임상진
펴낸곳 (주)넥서스

초판 1쇄 발행 2006년 3월 10일
초판 6쇄 발행 2010년 3월 10일

2판 1쇄 발행 2011년 7월 15일
2판 2쇄 발행 2011년 7월 20일

3판 1쇄 발행 2016년 12월 5일
3판 8쇄 발행 2024년 12월 5일

출판신고 1992년 4월 3일 제311-2002-2호
주소 10880 경기도 파주시 지목로 5
전화 (02)330-5500 팩스 (02)330-5555

ISBN 978-89-98454-53-1 13730

가격은 뒤표지에 있습니다.
잘못 만들어진 책은 구입처에서 바꾸어 드립니다.

이 책은 〈넥서스 초스피드 일본어 독해 중급〉(2011)의
개정판입니다.

www.nexusbook.com

NEW

うきうき 일본어독해

우 키 우 키

중급

기타지마 치즈코 · 구미라 지음

넥서스

머리말

この読解問題集は単に読解能力がつくというだけでなく、読んでおもしろく、ためになる文章を載せました。問題を解いていくうちに日本人の考え方や感じ方が分かり、日本で起きている話題や情報を知ることができるように構成しています。

また問題ではできるだけ身近な出来事を取り上げて、日本の文化と生活に触れたテーマなどを取り入れています。特に日本語独特の言葉の使い方などは、意味深い話題だと思います。

使用語彙や文法事項は中級の範囲を超えないように作りました。ですからＮ２の試験練習問題として使用することができます。クラス授業用としても個人でも使用可能です。文の接続や、内容を問いかけたり文全体の流れを問うなどの形式を使っているので、飽きずに使用できると思います。

問題を解きながら文法の知識を身に着け、日本語の総合力がアップできます。この問題集を使って日本や日本人、日本語や日本の暮らしを発見したりして、楽しんでいただけたらとてもうれしいす。

이 독해 문제집은 단순히 독해력만 향상되는 것이 아니라, 읽으면 재미있고 유익한 문장들을 실었습니다. 문제를 풀어가면서 일본인의 생각과 감정을 이해하고 일본에서 일어나는 화제나 정보를 알 수 있도록 구성하였습니다.

그리고 문제에서 되도록 일상적인 이야기를 다루어, 일본 문화와 생활 등을 테마로 하고 있습니다. 특히 일본어 특유의 말하는 방법 등은 매우 흥미로운 테마라고 생각합니다.

사용 어휘나 문법 사항은 중급 범위를 넘지 않도록 만들었기 때문에 일본어능력시험 N2 대비용으로 사용해도 전혀 손색이 없으리라 생각합니다. 학원 수업에서 사용하거나 개인이 혼자 공부할 때도 사용할 수 있습니다. 문장의 접속이나 내용, 문장 전체의 흐름을 묻는 등의 형식을 취하고 있어 싫증나지 않게 공부할 수 있습니다.

문제를 풀면서 문법 지식을 익혀 종합적인 일본어 능력이 향상되도록 만들었습니다. 이 문제집을 통해 일본과 일본인, 일본어나 일본 생활을 발견하며 즐겁게 공부하시길 바랍니다.

北嶋千鶴子

하나,

'독해야 아무렴 어때? 말만 잘 하면 되지.'하고 생각하는 사람들이 많다. 그러나 이건 잘못된 생각이다. 말이란 머릿속에 차곡차곡 입력된 다양한 정보들을 문장으로 구성하여 소리라는 매개체를 통해 그 뜻을 전달하는 것이다. 따라서 입력된 정보 없이는 발화할 문장도 없다. 또한 문장은 단어의 조합이어서 그 조합이 흐트러지면 문장도 없다. 이렇듯 다양한 정보를 입력하고 단어의 조합을 매끄럽게 하는 일등 공신은 바로 독해다. 그러므로 독해는 단순히 문장을 파헤치기만 하는 따분하고 쓸데없는 작업이 아니다. 입문에서 초급, 초급에서 다시 중급, 그리고 고급으로 실력을 향상시키기 위한 꼭 필요한 과정인 셈이다.

둘,

10대에게는 10대의, 20대에게는 20대의 수준에 맞는 말과 문화, 지적 정보가 있다. 아무리 외국어라 할지라도 자신의 환경과 목적, 조건 등의 균형을 맞춰 학습단계를 높여 가야만 스스로를 좋은 이미지로 정확하게 표현할 수 있다. 그런 의미에서 독해는 꼭 섭취해야 할 필수 영양소다.

셋,

어떤 종류이든 공부는 무조건 재미있어야 한다. 일단 흥미를 느끼면 다음 단계로의 진입에 어떤 어려움이 있어도 부수고 나갈 힘이 생긴다. 그래서 처음이 중요하고, 중요한 만큼 재미가 있어야 한다. 쉽고 재미있다. 어렵지만 재미있다. 이런 말이 저절로 나올 수 있게 해야 한다.

나름대로 이런 의무감을 가지고 덤빈 책이다. 이 책은 흥미를 느낄 수 있는 테마들로 이루어져 있다. 중급 단계의 학습자들이 어렵게 느끼지 않으면서도 필요한 것을 얻을 수 있는 독해의 요령을 정리하고, 해설은 별책을 마련해 각 테마별 지문마다 중급 단계에서 필요한 문형과 관용구 등을 정리해 두었다. 재미있게 읽으면서 각 테마 속에 숨은 정보를 찾고, 또 각종 일본어 시험에도 대비할 수 있도록 했다. 이 책을 공부한 학습자들이 독해에 재미와 필요를 동시에 느끼고 일본어 문장을 읽어가는 재미에 푹 빠져들기를 기대해 본다.

구미라

구성과 특징

PART 1 - 단문

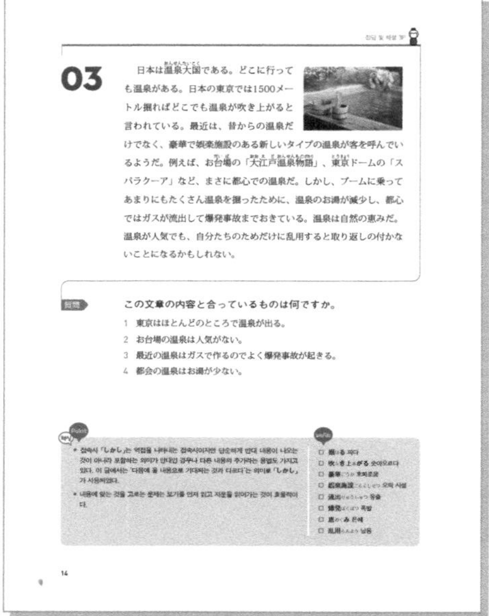

03

日本は温泉大国である。どこに行っても温泉がある。日本の東京では1500メートル掘ればどこでも温泉が吹き上がると言われている。最近は、昔からの温泉だけでなく、豪華で娯楽施設のある新しいタイプの温泉が客を呼んでいるようだ。例えば、お台場の「大江戸温泉物語」、東京ドームの「スパラクーア」など、まさに都心での温泉だ。しかし、ブームに乗ってあまりにもたくさん温泉を掘ったために、温泉のお湯が減少し、都心ではガスが流出して爆発事故までおきている。温泉は自然の恵みだ。温泉が人気でも、自分たちのためだけに乱用すると取り返しの付かないことになるかもしれない。

問題 この文章の内容と合っているものは何ですか。

1 東京はほとんどのところで温泉が出る。
2 お台場の温泉は人気がない。
3 最近の温泉はガスで作るのでよく爆発事故が起きる。
4 都会の温泉はお湯が少ない。

14

비교적 간단하고 가벼운 테마의 짧은 지문이다. 긴 문장을 읽기 위한 워밍업 단계라고 할 수 있다. 몸이 채 풀리기도 전에 처음부터 무리하게 뛰면 위험하다. 본 운동을 위한 준비운동이라 생각하고 가볍게 머리를 움직여 보자.

PART 2 - 중문

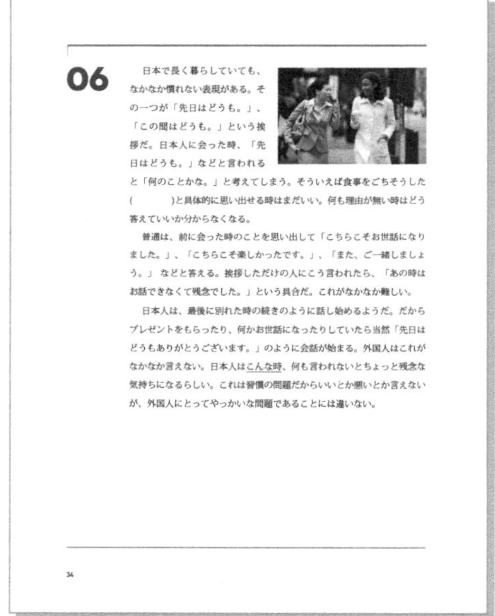

06

日本で長く暮らしていても、なかなか慣れない表現がある。その一つが「先日はどうも。」、「この間はどうも。」という挨拶だ。日本人に会った時、「先日はどうも。」などと言われると「何のことかな。」と考えてしまう。そういえば食事をごちそうした(　　　　)と具体的に思い出せる時はまだいい。何も理由が無い時はどう答えていいか分からなくなる。

普通は、前に会った時のことを思い出して「こちらこそお世話になりました。」、「こちらこそ楽しかったです。」、「また、ご一緒しましょう。」 などと答える。挨拶しただけの人にこう言われたら、「あの時はお話できなくて残念でした。」という具合だ。これがなかなか難しい。

日本人は、最後に別れた時の続きのように話し始めるようだ。だからプレゼントをもらったり、何かお世話になったりしていたら当然「先日はどうもありがとうございます。」のように会話が始まる。外国人はこれがなかなか言えない。日本人はこんな時、何も言われないとちょっと残念な気持ちになるらしい。これは習慣の問題だからいいとか悪いとか言えないが、外国人にとってやっかいな問題であることには違いない。

34

독해는 문장 길이 만큼의 집중력이 요구된다. Part 1에서 워밍업으로 유연해진 머리에 집중력을 불어넣는 단계다. 서서히 집중력을 늘리는 연습을 한다. 문장이 길어지면 문맥이 복잡해지고 집중력이 흐트러져 주제를 찾는데 힘이 빠진다. 문맥의 흐름을 놓치지 않도록 연습하는 단계다.

이 책은 중급 수준의 문법과 문형을 익힌 학습자들이 고급 단계로 도약하기 위해 거쳐 가는 단계이다. JPT 600~700점대나 일본어능력시험 N2를 준비하는 학습자들이 문법 · 독해에 대비하기 위한 수험서로서의 기능도 고려했다.

각 과의 구성은 지문의 길이에 따라 크게 단문(短文), 중문(中文), 장문(長文)의 세 파트로 나누고, 각 파트는 10~15개 정도의 다양한 테마로 묶어 놓았다. 재미있게 읽으면서 문장의 길이에 따른 집중력을 키워 누구나 금세 문장을 읽는 요령을 터득하는 독해 수험서가 될 수 있도록 했다.

PART 3 - 장문

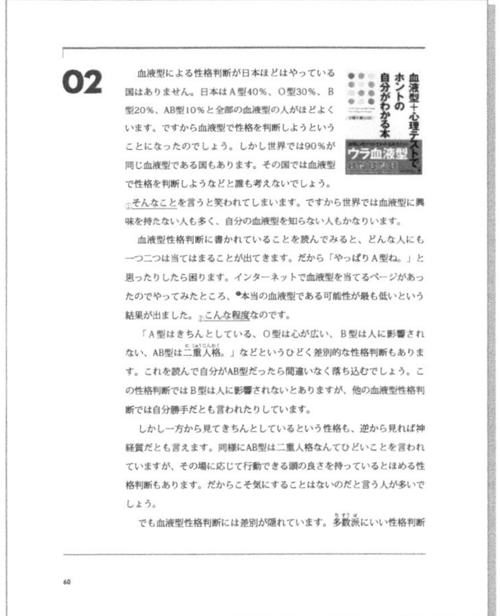

02

血液型による性格判断が日本ほどはやっている国はありません。日本はＡ型40％、Ｏ型30％、Ｂ型20％、AB型10％と全部の血液型の人がほどよくいます。ですから血液型で性格を判断しようということになったのでしょう。しかし世界では90％が同じ血液型である国もあります。その国では血液型で性格を判断しようなどと誰も考えないでしょう。①そんなことを言うと笑われてしまいます。ですから世界では血液型に興味を持たない人も多く、自分の血液型を知らない人もかなりいます。

血液型性格判断に書かれていることを読んでみると、どんな人にも一つ二つは当てはまることが出てきます。だから「やっぱりＡ型ね。」と思ったりしたら困ります。インターネットで血液型を当てるページがあったのでやってみたところ、本当の血液型である可能性が最も低いという結果が出ました。②こんな程度なのです。

「Ａ型はきちんとしている、Ｏ型は心が広い、Ｂ型は人に影響されない、AB型は二重人格。」などというひどく差別的な性格判断もあります。これを読んで自分がAB型だったら間違いなく落ち込むでしょう。この性格判断ではＢ型は人に影響されないとありますが、他の血液型性格判断では自分勝手だとも言われたりしています。

しかし一方から見てきちんとしているという性格も、逆から見れば神経質だとも言えます。同様にAB型は二重人格なんてひどいことを言われていますが、その場に応じて行動できる頭の良さを持っているとほめる性格判断もあります。だからこそ気にすることはないのだと言う人が多いでしょう。

でも血液型性格判断には差別が隠れています。多数派にいい性格判断

60

긴 문장에 익숙해지도록 연습하는 최종 단계이다. 글이 길면 길수록 문맥을 놓치기 쉽다. 글의 주제와 핵심어를 파악하고 추려내는 연습을 하는 단계다. 긴 뉴스 보도문을 듣고 몇 자로 요약하려면 고도의 집중력이 필요하듯, 긴 글을 빨리 읽고 그 주제를 파악하는 것은 많은 집중력과 훈련이 필요하다.

핵심 Point

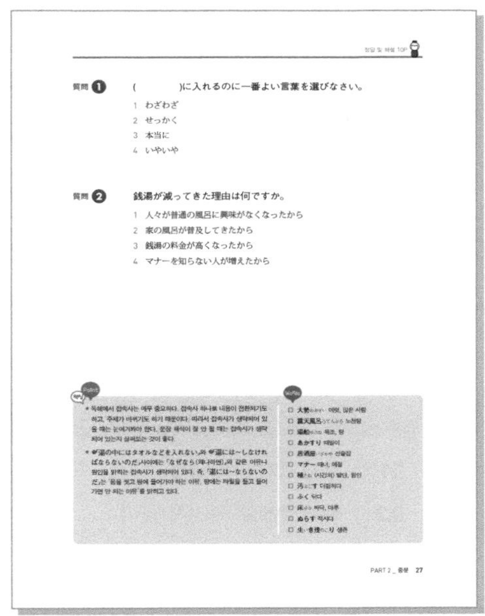

질문 ❶ (　　　　)に入れるのに一番よい言葉を選びなさい。

1 わざわざ
2 せっかく
3 本当に
4 いやいや

質問 ❷ 銭湯が減ってきた理由は何ですか。

1 人々が普通の風呂に興味がなくなったから
2 家の風呂が普及してきたから
3 銭湯の料金が高くなったから
4 マナーを知らない人が増えたから

PART 2 _ 중문 27

처음에는 각 지문을 여러 번 소리 내어 가볍게 읽으며, 대강의 줄거리를 파악한다. 읽으면서 눈에 띄는 단어나 관용구를 먼저 체크하고 마지막에 전체 글을 한 문장씩 꼼꼼하게 살펴 읽는다. 각 지문에는 〈핵심 point〉를 달아 쉽고 빠르게 문장을 파악할 수 있는 독해의 요령을 간추려 놓았다. 핵심 포인트를 중심으로 지문을 정독한다.

목차

PART 1 - 단문(短文)

PART 2 - 중문(中文)

PART 3 - 장문(長文)

PART

1

短文

단문

01 나는 오타쿠 | **02** 웰빙 음식 | **03** 온천의 나라 일본 | **04** 영화와 연극이 하나로 | **05** 친구의 부고 | **06** 몸이 불편한 사람을 위한 복지차 | **07** 신기한 거울 | **08** 암반욕 | **09** 영화 할인 정보 | **10** 공장의 생산 그래프

01

「オタク」という言葉はもともと、1980年代のアニメ・ＳＦファンの一部で使われていた。それが広まり日本で「オタク」と言えば、アニメだけでなく「❶好きなことばかりしている性格が暗い変な人」と言うマイナスイメージがあった。「あいつ、オタクだから。」と言ったら、すこし馬鹿にしているような感じがあった。ところが海外では1990年代中後半より、一種の尊敬の意味を込めてオタク(Otaku)が使われている。アニメなどの日本文化愛好者(あいこうしゃ)を意味し、自らオタクだと(　　　　　)紹介する人さえ出てきている。最近では日本でも段々マイナスイメージが薄れ、趣味に強いこだわりを持つ人物という意味で使われることが多くなってきている。

質問　(　　　　　)に入れるのに一番よい言葉を選びなさい。

1　はずかしみ
2　はずかしがり
3　自信満々で
4　進んで

- ❶「好きなことばかりしている性格が暗い変な人(좋아하는 일만 하는 성격이 어둡고 이상한 사람)」이렇게 한 문장 안에서 여러 번 수식을 하는 경우, 단락을 끊어서 보면 이해하기 쉽다. 이 문장에서는 「好きなことばかりしている」, 「性格が暗い」, 「変な」 모두 「人」를 수식하고 있다. 「好きなことばかりしている人」, 「性格が暗い人」, 「変な人」로 끊어서 보면 된다.
- 독해에서 접속사의 역할은 매우 중요하다. 특히 역접이나 전환의 접속사는 주제의 반전을 가져오므로 더더욱 유심히 살펴봐야 한다. 이 글 역시 '오타쿠란 이러이러한 이미지를 갖는다'는 도입부의 설명 다음에 「ところが(그런데)」라는 접속사를 써서, 역접의 내용이 이어진다는 것을 알 수 있다.

- □ **もともと** 원래
- □ **含**ふく**まれる** 포함되다
- □ **尊敬**そんけい 존경
- □ **愛好者**あいこうしゃ 애호가
- □ **自**み**ずから** 스스로, 직접
- □ **薄**うす**れる** 옅어지다
- □ **こだわり** 구애됨, 신경 씀

02

最近健康ブームに伴(ともな)って、美容食、健康食に注目が集まっている。「マゴワヤサシイ(孫は優しい)」と呼ばれる食べ物を食べようと言われるようになったのもその一つだ。「マ」は豆で、みそなどの食品を指す。「ゴ」はゴマなど。「ワ」はワカメなど。「ヤ」は野菜。「サ」は魚。「シ」はシイタケなどのキノコ。「イ」はジャガイモ、サツマイモなどのイモ類である。

つまり、「マゴワヤサシイ」は、和食なのである。和食は低脂肪で、エネルギー源(げん)の炭水化物(たんすいかぶつ)とその代謝に必要なビタミン、ミネラルがたっぷり含まれている。美容食とも言われている和食。海外でも日本食レストランが年々(ねんねん)増えており、最近5年間で3倍以上も増えたと言われている。私たちも和食を見直し、「マゴワヤサシイ」を食べて健康になろう。

質問 和食は何で人気がありますか。

1 日本の伝統的な食べ物だから
2 みそ汁が人気があるから
3 低脂肪で健康にいいから
4 最近5年間で3倍以上に増えたから

Point 핵심

- 몸에 이로운 음식의 첫 글자를 따서 「マゴワヤサシイ」라고 표현했다. 이 글자들을 연결하여 직역하면 '손자는 다정하다'라는 뜻으로, 기억하기 쉽게 앞 글자를 따서 단어를 만든 것이다.
- 한국어로는 '주목을 받는다'라는 표현을 쓰지만, 일본어로는 「注目を集める」 또는 「注目を浴びる」라는 표현을 쓴다. 고급 레벨로 넘어갈 때에 중요한 표현이므로, 비슷한 듯 다른 일본어 표현에 주의해서 읽도록 하자.
- 이 글의 요점은 마지막 단락에 있다. 이 단락에는 「マゴワヤサシイ」가 우리 몸에 좋은 이유, 그리고 글쓴이가 말하고자 하는 요지가 나와 있다.

Words

- □ **伴う**ともなう 동반하다
- □ **美容食**びようしょく 미용식
- □ **孫**まご 손자
- □ **ゴマ** 깨
- □ **ワカメ** 미역
- □ **シイタケ** 표고버섯
- □ **ジャガイモ** 감자
- □ **和食**わしょく 일본 음식, 일식
- □ **低脂肪**ていしぼう 저지방
- □ **炭水化物**たんすいかぶつ 탄수화물
- □ **代謝**たいしゃ 대사(신진대사)

03

日本は温泉大国(おんせんたいこく)である。どこに行っても温泉がある。日本の東京では1500メートル掘ればどこでも温泉が吹き上がると言われている。最近は、昔からの温泉だけでなく、豪華で娯楽施設のある新しいタイプの温泉が客を呼んでいるようだ。例えば、お台場(だいば)の「大江戸温泉物語(おおえどおんせんものがたり)」、東京(とうきょう)ドームの「スパラクーア」など、まさに都心での温泉だ。しかし、ブームに乗ってあまりにもたくさん温泉を掘ったために、温泉のお湯が減少し、都心ではガスが流出して爆発事故までおきている。温泉は自然の恵みだ。温泉が人気でも、自分たちのためだけに乱用すると取り返しの付かないことになるかもしれない。

質問 この文章の内容と合っているものは何ですか。

1 東京はほとんどのところで温泉が出る。
2 お台場の温泉は人気がない。
3 最近の温泉はガスで作るのでよく爆発事故が起きる。
4 都会の温泉はお湯が少ない。

- 접속사「しかし」는 역접을 나타내는 접속사이지만 단순하게 반대 내용이 나오는 것이 아니라 포함하는 의미가 반대인 경우나 다른 내용의 추가라는 용법도 가지고 있다. 이 글에서는 '다음에 올 내용으로 기대되는 것과 다르다'는 의미로「しかし」가 사용되었다.
- 내용에 맞는 것을 고르는 문제는 보기를 먼저 읽고 지문을 읽어가는 것이 효율적이다.

- □ **掘**ほ**る** 파다
- □ **吹**ふ**き上**あ**がる** 솟아오르다
- □ **豪華**ごうか 호화로움
- □ **娯楽施設**ごらくしせつ 오락 시설
- □ **流出**りゅうしゅつ 유출
- □ **爆発**ばくはつ 폭발
- □ **恵**めぐ**み** 은혜
- □ **乱用**らんよう 남용

04

映画と劇は全く違うものという常識を破って、「ゲキ×シネ」という新しい分野が生まれた。「ゲキ×シネ」がスタートした2004年当時には、わずか10スクリーン足らずだったデジタルシネマが、2009年には300スクリーン近く増えた。「ゲキ×シネ」❶というのは劇場の「ゲキ」と映画を意味する「シネマ」から作られた言葉だ。舞台をいろいろな方向から撮影して、切ったりはったりして再(ふたた)び作り出されたものは、座席で一方向(いちほうこう)から見る劇とは全く違った感覚のものだ。それを映画のように映して見る。映画であって映画でない。劇であって劇ではない。「ゲキ×シネ」では撮影した日に失敗しても映画のように撮影しなおすということはない。修正できないというのは俳優にとって辛いことだが、劇場の観客の様子がそのまま伝わることや、俳優の目つきや表情まで見ることができるなどリアルな魅力がある。

質問 ゲキシネの面白さは何ですか。

1 俳優の目つきや表情まで見られる。
2 失敗が見られる。
3 全く同じものを何回も見ることができる。
4 撮影し直すことがない。

- ❶「～というのは(～라는 것은)」, 「～とは(～란)」, 「～といえば(～라고 하면)」 등은 모두 제시어를 설명하기 위한 표현이다.

- □ **全**まったく 완전히, 전혀
- □ **破**やぶ**る** 깨다, 깨뜨리다
- □ **足**た**らず** ~이 채 못됨
- □ **観客**かんきゃく 관객
- □ **映**うつ**す** 투영하다, 비치게 하다
- □ **目**め**つき** 눈빛, 눈초리
- □ **撮影**さつえい 촬영
- □ **失敗**しっぱい 실패
- □ **辛**つら**い** 괴롭다

05

ある秋 ❶のことだった。久しぶりに友人の高橋(たかはし)から電話がかかってきた。「お元気?」、「まあまあ。」、「最近、何してる?」という会話の後で、たまには会わないかという話になった。彼とはボランティアグループで知り合って、❷そのまま付き合いが続いていた。そのころはいつも３人で行動していたので、「じゃ、川田(かわだ)さんの都合を聞いて電話するから。」と言って私は電話を切った。川田さんに電話したら都合が合わないようだったので、「じゃ、暇になったら連絡して。」と言って私自身も約束のことはすっかり忘れてしまった。

ところが12月、彼の奥さんから喪中(もちゅう)のはがきが届いた。そこには彼が亡くなったことが書かれていた。私は大変驚いた。すぐに奥さんに会いに行った。彼が亡くなったのは、私と電話で話して間もなくのことだったそうだ。電話の時は一時的に家に帰っていたのだ。あんなに元気に笑って話していたのに。病気のことは一言(ひとこと)も話さずに世間話をしていた。私は話を聞きながらその場から<u>逃げ出したくなった</u>。

質問 「<u>逃げ出したくなった</u>」とあるが、なぜですか。

1 彼が死んだことを知らなかったので葬式に出なかったから
2 病気だと知らなかったので彼のお見舞いに行かなかったから
3 約束を忘れてしまって彼と会えなかったから
4 電話をした時彼の病気に気がつかなかったから

- ❶「~のことだった(~의 일이었다)」는 과거의 경험에 대해 이야기할 때 도입부에 많이 사용한다. 이 표현은 앞으로 어떤 사건이 전개되리라는 기대를 갖게 만든다.
- ❷「そのまま(그대로)」는 사전적인 의미로 직역하면 의미가 모호해진다. 「ボランティアグループで知り合った」 상태가, 「そのまま続いていた」로 해석하면 된다.

- □ **まあまあ** 그럭저럭, 그저 그런 모양이나 상태
- □ **ボランティア** 자원봉사
- □ **都合**つごう 형편, 상황, 상태
- □ **喪中**もちゅう 상중, 죽은 사람을 위해 가족이 조용히 생활하는 기간
- □ **届**とど**く** 도착하다, 배달되다
- □ **世間話**せけんばなし 세상사는 이야기
- □ **逃**に**げ出**だ**す** 도망치다, 내빼다

06

福祉カー[1]とは、障害のある人や年をとった人が使いやすいように工夫されている車だ。最近その車が、普通の家でも買われる[2]ようになって、かなり売れているようだ。自動車会社は初め福祉カーを売ることに熱心ではなかったが、福祉カーを求める人がふえてきたので、方針を変えた。福祉カーの種類も増え、車いすに座ったままで乗れる車や、前の椅子が90度回って(　　　　)しやすくできている車もある。その人の障害に合わせて改良(かいりょう)もできるそうだ。だからどんな人にも使いやすい。値段は普通の車より高いが、消費税(しょうひぜい)を払わなくてもいいモデルもあるそうだ。福祉カーに乗る人はこれからも増えていくことだろう。

質問　(　　　　)に入れるのに一番よい言葉を選びなさい。

1 乗ったり降りたり
2 出たり入ったり
3 寝たり起きたり
4 開けたり閉めたり

- ❶「～とは(～란)」는「～というのは(~라는 것은)」를 줄인 표현으로, 어떤 제시어나 단어를 설명할 때 사용한다.
- ❷「～ようになってきた(~하게 되었다)」는 상태의 변화를 나타내는 표현이다. 과거에는 그렇지 않던 것이 어느 순간부터 차츰 그러한 상태가 되기 시작했다는 뉘앙스이다.

- □ **障害**しょうがい 장애
- □ **工夫**くふう 궁리, 연구
- □ **車**くるま**いす** 휠체어
- □ **方針**ほうしん 방침
- □ **値段**ねだん 가격, 값
- □ **消費税**しょうひぜい 소비세
- □ **払**はら**う** 지불하다, 내다

07

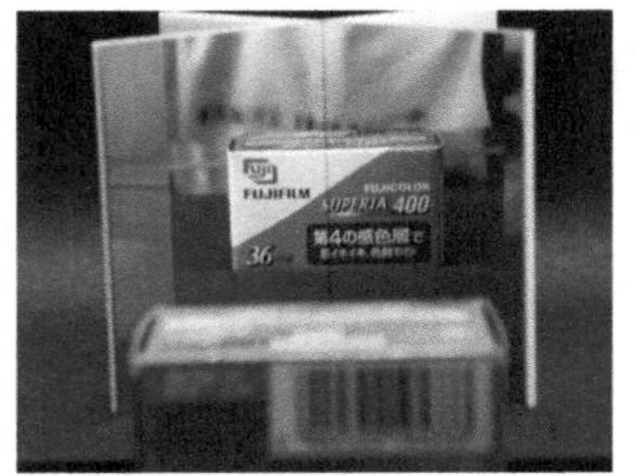

鏡に映る物は左右が反対になります。ところが、「正映鏡(しょうえいきょう)」といって、左右が反対に映らない鏡(かがみ)もあります。普通の鏡で映った文字を見ると、いわゆる裏から見る文字になっていてなかなか読めません。しかし正映鏡(しょうえいきょう)の中の文字は、私たちが目にする文字と全く同じです。作り方は簡単です。❶まず、２枚の鏡をお互いに向き合うように90度に立てて、鏡の前面には❷透き通ったガラスを、下には板を付けます。そしてできあがった箱の中に水を入れると完成です。これは2001年日本の発明家が発明したもので、鏡の常識を破るニュースとして日本だけでなく、世界110ヶ国で放映されたそうです。

質問 正映鏡(しょうえいきょう)の説明として合っているものはどれですか。

1 正映鏡に映る文字は普通の文字と同じに見えます。
2 ガラス２枚と鏡１枚で作ります。
3 正映鏡に映る文字は上と下が反対に見えます。
4 鏡とガラスの大きさは全部同じです。

- 일반 거울이 좌우가 반대로 보이는 것과 달리 좌우가 바뀌지 않고 그대로 보이는 거울에 관한 내용이다. 어떤 구조로 좌우가 바뀌지 않고 보이는 것인지 이해하며 읽는다.
- ❶「まず~付けます」는 「正映鏡」를 만드는 법에 대한 설명이다. 설명에 따라 머릿속에 실제 완성품을 그려본다.
- ❷「透き通ったガラス」는 '양면이 투명하여 맞은편을 볼 수 있는 유리'를 말한다.

- □ **裏**うら 뒤, 이면
- □ **透**す**き通**とお**る** 비쳐 보이다, 투명하다
- □ **映**うつ**る** 비치다, 투영되다
- □ **左右**さゆう 좌우
- □ **いわゆる** 이른바, 소위
- □ **お互**たが**い** 서로
- □ **向**む**かい合**あ**う** 마주보다, 마주 대하다
- □ **板**いた 판(자), 널빤지

08

温泉の人気が続いているが、体にいい物質を出す石を温めてその上に寝る岩盤浴(がんばんよく)というのもある。遠赤外線(えんせきがいせん)で体が温まり、汗がたくさん出る効果がある。岩盤浴(がんばんよく)は温泉と❶同じような効果がある上に、温泉のように温度が高くないので体に優しい。もともとは温泉地にあったものだが、最近は都会のビルの中にも作られるようになった。仕事帰りに気軽に寄れるし、料金も温泉に出かけるのと比べると手ごろなため、人気が出ていた❷ようだ。しかし、衛生問題が報道された後、急に人気がなくなり、今は銭湯の中に設置されるケースが増えている。

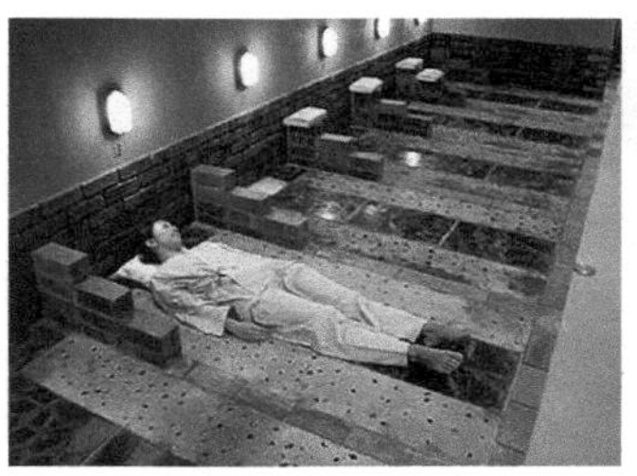

質問　岩盤浴(がんばんよく)の説明として合っているのはどれですか。

1 温泉へ行くほど高い料金ではない。
2 温泉と同じ効果があるが温泉より人気がない。
3 都会のビルにしか店がない。
4 よこになると体の熱で汗が出てくる。

핵심 Point

- 「岩盤浴」이란 무엇이며, 암반욕이 주목받는 이유와 그 장점을 중심으로 내용을 파악한다.
- ❶「～と同じような」는 일본어 문장에 자주 등장하지만 그대로 직역하면 어색한 문형이다. '～와 비슷한(똑같은) 그런'으로 해석하면 된다.
- ❷「～ようだ」는 양태의 기능을 한다. 확실한 객관적 사실이 아니라 주관적인 느낌이나 생각을 나타낼 때 사용한다.

Words

- □ 汗あせ 땀
- □ 気軽きがる 부담없음, 선뜻
- □ 手てごろ 알맞음, 적당함
- □ 温あたためる (온도를)따뜻하게 하다, 데우다
- □ 衛生えいせい 위생
- □ 報道ほうどう 보도

ヤマト映画館 お得なサービス情報

普通は大人1800円

映画館カードをお持ちの方は100円お引きいたします。

・前売り券	1600円
・時間割引 (夜10時から)	1000円
・障害者割引 (障害者)	1000円
・シルバー割引 (60歳以上のお客様)	1000円
・夫婦50割引 (❶夫婦でどちらかが50歳以上なら)	2000円
・ヤマトデイ (毎月１日)	1000円
※ただし、１月１日を除きます。	
・レディースデイ (毎週水曜日、女性のお客様)	1000円
・メンズデイ (毎週月曜日、男性のお客様)	1000円

※サービスは１つに限り有効です。

質問 チケットの価格として正しいものはどれですか。

1 60歳の老人が映画カードを持っていたら900円になります。
2 水曜に女性が前売り券で映画を見たら1000円です。
3 夫が60歳の夫婦が水曜に映画を見たら2000円です。
4 60歳未満の女性が月曜に映画を見たら1000円です。

Point 핵심

- 할인 혜택의 조건이 요일별, 성별, 연령별로 다양하다. 그러나 가장 중요한 것은 맨 마지막의 「サービスは1つに限り有効です(서비스는 한 가지 항목에만 유효합니다)」라는 문장이다.
- 조건의 가정표현 「～なら」에 유의할 필요가 있다. 설명대로라면 부부일 경우 50%의 할인 혜택을 받는다. 그런데 ❶「夫婦でどちらかが50歳以上なら」라는 조건이 붙어 있다. 부부 중 어느 한쪽이라도 50세가 넘을 때는 부부의 요금을 합쳐서 2,000엔에 입장이 가능하다는 것이다. 조건을 나타내는 「なら · ただ · ただし · だけ」 등은 어떤 문장에서든 소홀히 하면 안 된다.

- □ **前売券**まえうりけん 예매권
- □ **割引**わりびき 할인
- □ **夫婦**ふうふ 부부
- □ **除**のぞ**く** 제외하다
- □ **有効**ゆうこう 유효

10

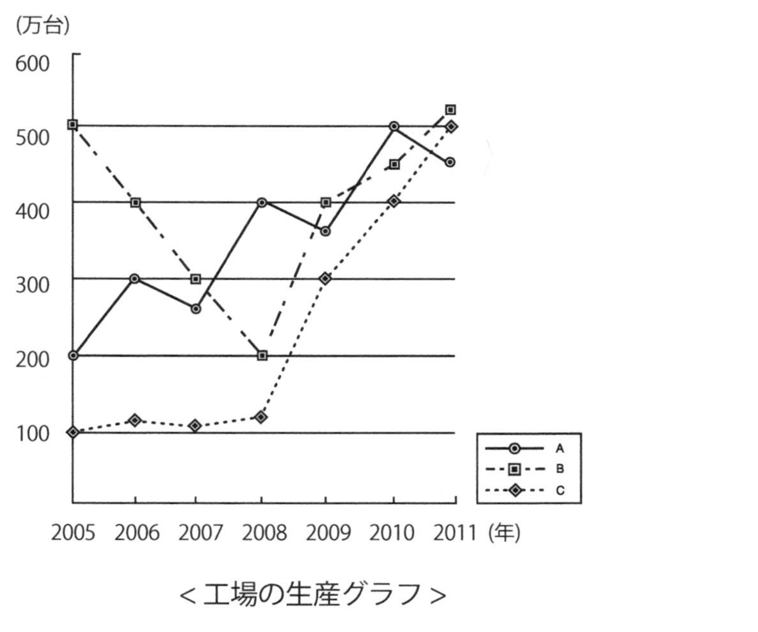

< 工場の生産グラフ >

質問 グラフから分かることは何ですか。

1 製品Cは増減をくり返しながらじょじょに生産高を増やしている。

2 製品Cはずっと製品Aや製品Bを下回っていたが2011年に製品Aを上回った。

3 製品Aは製品B、製品Cを上回ったことは1度しかない。

4 2007年は全製品とも最低の生産高だった。

- 그래프는 그림이기 때문에 한국어로 해석할 필요가 없어 그리 어렵지 않을 것이다. 다만, 그 그래프를 주어진 문장으로 어떻게 이해하는지가 핵심이다.
- 그래프 등을 설명할 때 자주 등장하는 단어들이 있다.「**増やす**(늘리다) · **増える**(늘다) · **減る**(줄다) · **上回る**(웃돌다) · **下回る**(밑돌다) · **横ばい**(변동이 없음) · **上がる**(오르다) · **下がる**(내리다)」등이다.

- □ **製品**せいひん 제품
- □ **増減**ぞうげん 증감
- □ **くり返**かえ**す** 되풀이하다, 반복하다
- □ **じょじょに** 서서히
- □ **生産高**せいさんだか 생산고
- □ **最低**さいてい 최저

PART

2

中文
중문

01

❶ 1枚の四角い布で、細長い瓶や大きいスイカなど、どんな形のものでも包むことができる。使わない時は小さくたたんで、簡単に持ち運ぶこともできる。それが日本で昔から使われてきた「風呂敷」だ。

日本の風呂敷は外国へのお土産として喜ばれ、海外では壁に飾ったりテーブルの上に敷いたりして使用されているようだ。紙やビニール袋と違って何度でも使えるので、ゴミを減らし再使用にもぴったりだ。本来の「包む」という使用法を広めるために、最近包み方を教える会がたびたび開かれている。さらに新しい使用方法を紹介することで、風呂敷をますます魅力あるものに変えている。

例えば風呂敷で作るリュックサック。２枚の風呂敷を用意する。１枚は最初に三角にたたむ。次にそれを４分の１の幅に折って紐を作る。もう１枚を半分に折って三角形を作る。三角形の山の部分と先ほど作った紐の中心を結ぶ。紐の端を三角形のそれぞれの残りの端と結ぶとできあがる。ちょっとすてきなリュックサックだ。

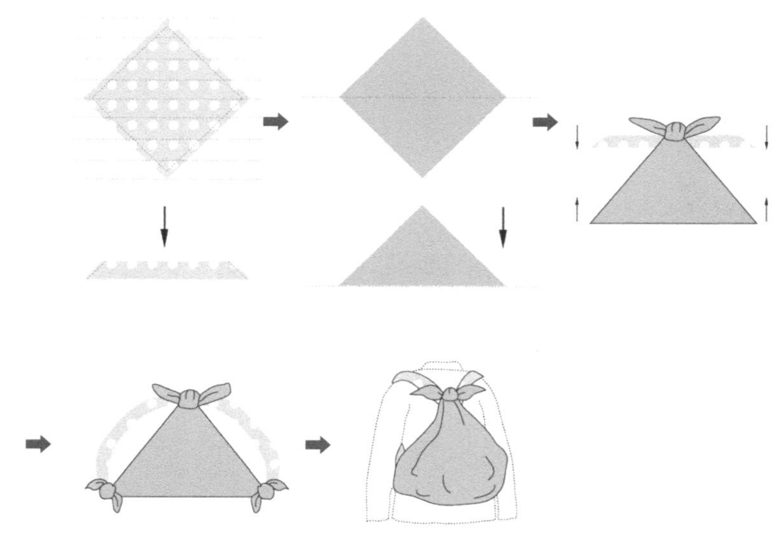

質問 ❶ 風呂敷(ふろしき)の説明として合っているものはどれですか。

1 四角いのも丸いのもある。
2 昔からゴミを出さないようにと考えて作られた布だ。
3 昔から使われてきた、物を包むための便利な布だ。
4 外国人は風呂敷(ふろしき)の使い方を知らない。

質問 ❷ 風呂敷(ふろしき)のいいところは何だといっていますか。

1 安くて軽いので海外旅行の時に使える。
2 何度も使えるのでお金が全然かからない。
3 いろいろな形のものが作れるので子供に喜ばれる。
4 紙と違って何度も使えるのでごみを減らすことができる。

Point 핵심

- 「風呂敷」란 무엇이고, 어디에 어떻게 사용하는지 구체적으로 설명하고 있다. 이런 글은 순서보다는 각 항목에 관한 설명에 중점을 두고 읽어야 한다.
- ❶은 「～で …ことができる(～으로 …할 수 있다)」형식의 문장이다. 여기서 「～で」는 수단 · 방법을 나타낸다.

- □ **細長**ほそなが**い** 길고 가늘다
- □ **包**つつ**む** 포장하다, 싸다
- □ **持**も**ち運**はこ**ぶ** 운반하다, 나르다
- □ **飾**かざ**る** 장식하다, 꾸미다
- □ **敷**し**く** 깔다
- □ **幅**はば 폭
- □ **紐**ひも 끈
- □ **山**やま 꼭지, 꼭대기
- □ **結**むす**ぶ** 묶다
- □ **端**はし 끄트머리
- □ **ぴったり** 꼭, 딱 맞는 모양
- □ **リュックサック** 배낭
- □ **折**お**る** 꺾다, 접다

02

銭湯を利用する人が減り、数も少なくなってしまった。今はほとんどの家に風呂があるから、(　　　　　)外出して銭湯に行くまでもないということだろう。大阪府でも1969年に2531軒あったものが、2008年には1103軒まで激減した。しかし、その中でも生き残りをかけていろいろな工夫をし、大勢の客を集めている銭湯がある。値段も普通の銭湯は大人400円ぐらいなのだが、ちょっと高めにしてその分、広い外が見える風呂やサウナ、人工温泉など利用者に合わせて工夫しているのでなかなかの人気だ。また、薬を入れた湯船、ヒノキ湯、露天風呂などのいくつかの湯船を用意し、あかすりや居酒屋など各種サービスを加えている。ここはただ体を洗うだけでなく家族全員が楽しめる場所として、近所の人はもちろん車で来る人も多い。

銭湯が少なくなっているせいか、最近は日本人でも風呂でのマナーを知らない人が多い。風呂には風呂のマナーがある。洗い場で体全体にお湯をかけてざっと汚れを取ってから、お湯に入る。❶湯の中にはタオルなどを入れない。❷湯には大勢の人が一緒に入るからお湯を汚さないようにしなければならないのだ。出る時は足などをきちんとふいて床をぬらさないようにする。こういったマナーを守れない人がいて、喧嘩の種になることもある。風呂のマナーは温泉でも同じだ。簡単なことなので、これらのことを守って銭湯や温泉を楽しみたいものだ。

質問 ❶ (　　　　)に入れるのに一番よい言葉を選びなさい。

1 わざわざ
2 せっかく
3 本当に
4 いやいや

質問 ❷ 銭湯が減ってきた理由は何ですか。

1 人々が普通の風呂に興味がなくなったから
2 家の風呂が普及してきたから
3 銭湯の料金が高くなったから
4 マナーを知らない人が増えたから

핵심 Point

- 독해에서 접속사는 매우 중요하다. 접속사 하나로 내용이 전환되기도 하고, 주제가 바뀌기도 하기 때문이다. 따라서 접속사가 생략되어 있을 때는 눈여겨봐야 한다. 문장 해석이 잘 안 될 때는 접속사가 생략되어 있는지 살펴보는 것이 좋다.
- ❶「湯の中にはタオルなどを入れない」와 ❷「湯には～しなければならないのだ」사이에는 「なぜなら(왜냐하면)」와 같은 이유나 원인을 밝히는 접속사가 생략되어 있다. 즉, 「湯には～ならないのだ」는 '몸을 씻고 탕에 들어가야 하는 이유, 탕에는 타월을 들고 들어가면 안 되는 이유'를 밝히고 있다.

Words

□ **大勢**おおぜい 여럿, 많은 사람
□ **露天風呂**ろてんぶろ 노천탕
□ **湯船**ゆぶね 욕조, 탕
□ **あかすり** 때밀이
□ **居酒屋**いざかや 선술집
□ **マナー** 매너, 예절
□ **種**たね (사건의) 발단, 원인
□ **汚**よご**す** 더럽히다
□ **ふく** 닦다
□ **床**ゆか 바닥, 마루
□ **ぬらす** 적시다
□ **生**い**き残**のこ**り** 생존

03

子供を対象とする犯罪が続いています。親や警察（けいさつ）はもちろん、学校や地域も力を合わせて子供を守るために努力しています。警察では子供が犯罪に巻き込まれないようにと「いかのおすし」という子供が覚えやすい標語を作って普及に努めています。

「いか」はついて「行かない」、「の」は車に「乗らない」、「お」は「大声を出す」、「す」は「すぐ逃げる」、「し」は周りの大人に「知らせる」です。大事なことがすべて入っている大変いい標語です。

「いかのおすし」を使った歌も発表され、小学校などの教育に使われているそうです。この歌は、警察が作ったものではないのですが、これに合わせた踊（おど）りも考案されるなど、楽しく覚えやすいため全国的に使われるようになったそうです。また、幼稚園などでは紙芝居（かみしばい）を使った教育など「いかのおすし」を広めるための努力が続けられています。

このような様々な教育の効果もあり、今では、多くの子供たちがこの標語を知るようになりました。けれども知っているからといって、急に身を守れるものではありません。変な人がいたら注意するなど、❶普段から子供の周辺に注意を向け危険を取り除いてやる必要があります。子供の安全を守るのはあくまでも私たち大人の責任なのですから。

質問 **1**　「いかのおすし」とは何ですか。

1　子供が犯罪に巻き込まれた時に役に立つ標語
2　子供が犯罪を起こさないように注意した標語
3　大人が子供を守るために何をするかを述べた標語
4　犯罪にあわないように子供に注意を呼びかけた標語

質問 **2**　筆者が一番言いたいことは何ですか。

1　大人は子供に身を守る方法を標語にして教えなければならない。
2　大人は子供が犯罪にあった時にどうするかつねに考えていなければならない。
3　大人は子供が犯罪に巻き込まれないよう、いい標語を作らなければならない。
4　大人は子供が犯罪にあわないように危険を取り除いてやらなければならない。

핵심 Point

- ❶「**普段から子供の周辺に注意を向け**」에서는「向け」다음에「、」가 생략됐다. 동사의 ます형만으로 단어가 끊긴 경우 '~하고 / ~해서'로 해석하면 이해하기 쉽다. い형용사는「寒く、」처럼「~く」로 문장을 맺는다. 고전에서 사용하는 등 딱딱한 느낌을 주기 때문에 문어체에 사용된다.

- □ **巻**まき**込**こ**まれる** 휘말리다, 연루되다
- □ **普及**ふきゅう 보급
- □ **ついて行**い**く** 따라가다
- □ **考案**こうあん**する** 고안하다
- □ **効果**こうか 효과
- □ **取**と**り除**のぞ**く** 제거하다, 없애다
- □ **あくまでも** 어디까지나
- □ **紙芝居**かみしばい 그림 연극
- □ **守**まも**る** 지키다
- □ **努**つと**める** 노력하다, 힘쓰다
- □ **普段**ふだん 평소, 항상

04

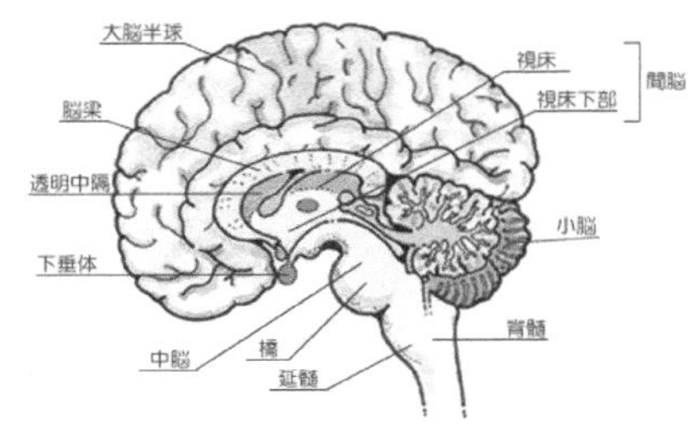

科学の進歩に伴い、脳の働きが解明(かいめい)され、脳に対する関心が高まってきている。脳の働きにはどんなものがあるだろうか。右脳(うのう)人間とか左脳(さのう)人間ということが言われるが、右脳(うのう)は、身体の左半身(ひだりはんしん)の運動機能をコントロールし、空間を認識したり音楽を聴いたりする時に使われ、左脳(さのう)は、身体の右半身(みぎはんしん)の運動機能をコントロールし、言語に深く関係し計算などをする時も重要な働きをするそうだ。

脳の働きは男女によって違い、一般的に男性は右脳(うのう)の働きが女性よりも発達している。そして左右(さゆう)の脳をつなぐ部分は女性の方が太いそうだ。(　　　　)、女性の方が物事を大きな視野(しや)で見て決める事ができ、男性はひとつの事に集中する傾向(けいこう)があるのだろう。このような違いは民族によってもあり、日本人はうれしい声や悲しい声、母音(ぼいん)と子音(しいん)、動物の声を左脳で受け取る。つまり、音を言葉として聞くためより音に敏感だとも言える。

また、脳の問題にともなう現象と対処法が少しずつ解明されてきている。事故などでショックを受けた後、性格が変わったりするのも脳の変化が原因であり、それにあわせた対応ができるようになってきた。脳の老化の対応も特に関心の高い分野だ。人と会話ができなくなってしまったお年寄りが、脳をたくさん使う音読(おんよ)みをくり返すことで、何とか会話らしいことができるようになったという例もある。私も自分の脳を知り、脳をトレーニングして若々しく生きていきたいものだ。

質問 **1** (　　　　)に入れるのに一番よい言葉を選びなさい。

1 そして
2 そのため
3 なぜかというと
4 しかし

質問 **2** この文章から分かることは何ですか。

1 男性の方が右脳が発達しているので集中力がある。
2 脳の働きを理解することで、老化を防止できる。
3 脳が老化しないように音読みや計算をする老人が増えている。
4 女性に右脳が発達するように訓練をすると良い。

Point 핵심!

- 「つまり」는 앞에서 이야기한 것을 좀 더 자세하게, 이해하기 쉽게 설명할 때에 사용하는 접속사이다. 「つまり」 앞의 문장보다 뒷 문장에 주의하여 읽는 것이 내용 파악에 도움이 된다.
- 추측 표현에는 「らしい」, 「ようだ」, 「だろう」등이 있는데, 비슷한 의미이지만 각각 다른 뉘앙스를 지니고 있으므로 주의해서 읽는다. 「らしい」는 다른 곳에서 얻은 정보를 기초로 한 추측, 「ようだ」는 몇 개의 정보를 근거로 자신이 내는 추측이다. 「だろう」는 자신이 생각한 추측이지만, 「ようだ」보다 애매해서 핵심이 약하다는 인상을 준다.

- □ **脳**のう 뇌
- □ **解明**かいめい 해명
- □ **働**はたら**き** 작용, 기능
- □ **半身**はんしん 몸의 반
- □ **認識**にんしき 인식
- □ **物事**ものごと 사물, 세상사
- □ **対処法**たいしょほう 대처법
- □ **高齢化**こうれいか 고령화
- □ **若々**わかわか**しい** 젊어 보이다
- □ **トレーニング** 트레이닝, 훈련
- □ **敏感**びんかん 민감함
- □ **ショック** 쇼크

05

日本では季節の贈り物として、夏にはお中元(ちゅうげん)、年の終わりにはお歳暮(せいぼ)の習慣があります。お中元(ちゅうげん)は7月の初めから15日ごろまでに(関西(かんさい)から西の地域では8月初めから15日ごろ)、お歳暮(せいぼ)は12月の初めから20日(はつか)ごろまでに贈ります。年に１回の場合はお歳暮(せいぼ)の方を選びます。

相手はいつもお世話になっている人です。会社では仕事関係の人に贈りますが、個人では一番多いのは親、次に親類(しんるい)、それから仕事関係という順番だそうです。またピアノなどの習い事をしている場合、先生にも贈ったりしますが、学校の先生は思ったより少ないそうです。このような贈り物を全然しない人も少なくありません。

お中元(ちゅうげん)やお歳暮(せいぼ)の贈り物についてのアンケートを見ると、相手に送るものはビール、お菓子、ハム・ソーセージ、コーヒーなどが多いそうです。でも自分がもらいたいものでは商品券の順位がかなり高いようです。また、どこで買うかという質問にはデパートを使うと答えた人が最も多く、❶60％ほどを占めています。これはやはり贈り物なので(　　　　　)と考えているからだと思われます。

質問 ❶ (　　　　　)に入れるのに一番よい言葉を選びなさい。

1 高いのがいい
2 高級感を持たせたい
3 高級だから
4 高いはずだ

質問 ❷ お中元(ちゅうげん)、お歳暮(せいぼ)は誰に贈りますか。

1 ３分の１の人はお世話になっている人がいないので贈りません。
2 個人ではピアノなどの先生より学校の先生に贈る人が多いです。
3 会社、個人とも仕事でお世話になっている人には必ず贈ります。
4 個人では仕事の人より親などに贈る人が多いです。

- 일본의 선물 풍습을 설명하는 글이다. 첫 번째 단락에서는 누구에게 보내는지, 두번째 단락에서는 앙케트 결과에 대해 이야기하고 있다.
- ❶「60%ほどを占めています(60%를 차지합니다)」는 「デパートを使うと答えた人(백화점을 사용한다고 대답한 사람)」에 대한 구체적 설명이다.

- □ **贈**おく**り物**もの 남에게 보내는 선물
- □ **地域**ちいき 지역
- □ **親類**しんるい 친척
- □ **順番**じゅんばん 순서
- □ **占**し**める** 차지하다
- □ **季節**きせつ 계절
- □ **最**もっと**も** 가장, 제일

06

日本で長く暮らしていても、なかなか慣れない表現がある。その一つが「先日はどうも。」、「この間はどうも。」という挨拶だ。日本人に会った時、「先日はどうも。」などと言われると「何のことかな。」と考えてしまう。そういえば食事をごちそうした(　　　　)と具体的に思い出せる時はまだいい。何も理由が無い時はどう答えていいか分からなくなる。

普通は、前に会った時のことを思い出して「こちらこそお世話になりました。」、「こちらこそ楽しかったです。」、「また、ご一緒しましょう。」 などと答える。挨拶しただけの人にこう言われたら、「あの時はお話できなくて残念でした。」という具合だ。これがなかなか難しい。

日本人は、最後に別れた時の続きのように話し始めるようだ。だからプレゼントをもらったり、何かお世話になったりしていたら当然「先日はどうもありがとうございます。」のように会話が始まる。外国人はこれがなかなか言えない。日本人はこんな時、何も言われないとちょっと残念な気持ちになるらしい。これは習慣の問題だからいいとか悪いとか言えないが、外国人にとってやっかいな問題であることには違いない。

質問 ❶ (　　　　)に入れるのに一番よい言葉を選びなさい。

1 っけ
2 っぽい
3 はず
4 わけだ

質問 ❷ 「こんな時」はどんな時ですか。

1 外国人がお礼を言わない時
2 お世話したりプレゼントをもらった時
3 何かをしてあげた時
4 会話を始める時

핵심 Point

● 일본어의「あの」와 한국어의 '저'는 사전에서는 동일한 뜻으로 나와 있지만 엄격히 말하면 쓰임이 약간 다르다.「あの」는 서로 알고 있는 것에 대해 이야기 할 때 사용하여 '그'로 해석할 수 있다.「ああ、あの人！(아, 그 사람!)」라고 하면, 이름을 말하지 않아도 대화하고 있는 사람끼리 누구인지 알고 있다는 의미이다.

- □ **慣なれる** 익숙해지다
- □ **出会であう** 우연히 만나다, 마주치다
- □ **挨拶あいさつ** 인사
- □ **そういえば** 그러고 보니
- □ **ごちそうする** 대접하다, 한턱내다
- □ **思おもい出だす** 생각나다, 떠올리다
- □ **別わかれる** 헤어지다
- □ **やっかい** 성가심, 귀찮음

07

「縁起をかつぐ」という言葉があります。受験の時には「受験に落ちる」と言う意味になるので「滑る」バナナを食べないとか、試合がある日に「勝つ」を食べるという意味で「トンカツ」を食べるなどがそれです。 また、結婚のお祝いに包丁や茶碗、皿などは贈りません。切れたり割れたりするからです。このように「縁起をかつぐ」ためには行動や物だけでなく、言葉にも気を使います。ある❶場面では使わない方がいい言葉や表現があります。それを「忌み言葉」と言います。

例えば、試験を受ける人には「落ちる」とか「滑る」など、試験の(　　　　　)言葉は使わないようにします。同様に、人が亡くなった時やお見舞いには、不幸がくり返されないように同じ言葉を続けて言わないとか、「また」や「再び」なども使わない方がいいと言われています。ですから忌み言葉は相手への思いやりの気持ちから生まれたと言えます。

特に人生の大切な行事である結婚式のスピーチは気をつけた方がいいでしょう。幸せな結婚の場で、結婚が失敗に終わることを連想させるようなことは言わないようにします。「別れる」を始め、「切る」、「離れる」、「終わる」、「薄い」、「浅い」のような言葉も忌み言葉です。

結婚式の時歌を歌わなければならなくなった時も同じです。歌の歌詞の中に忌み言葉が入っていて、結婚式の雰囲気を壊したりしないよう、どんな歌を歌うか、歌詞に問題はないかよく見て、場合によってはその部分の歌詞を変えて歌うなど気を使う必要があります。しかし、あまりにも内容がないのもおもしろくありません。若い人たちが忌み言葉を使ったとしても、あまり気分を悪くしない方がいいのではないでしょうか。

質問 ❶　(　　　　　)に入れるのに一番よい言葉を選びなさい。

1 結果を考えさせる
2 成功を思い出す
3 失敗を忘れさせる
4 失敗を思い起こさせる

質問 ❷　結婚の贈り物に包丁（ほうちょう）や茶碗（ちゃわん）、皿（さら）などを贈らないのはなぜですか。

1 昔から運が悪くなるので使わないから
2 包丁（ほうちょう）や茶碗（ちゃわん）、皿（さら）は結婚の忌（い）み言葉だから
3 包丁（ほうちょう）は切れるし茶碗（ちゃわん）、皿（さら）は割れるので危ないから
4 結婚がだめになることを連想させるから

핵심 Point

- ❶「場面」처럼 일본어에는 우리말과 똑같이 쓰이는 한자어들이 많다. 그런데 같은 한자어라도 다양한 뜻을 가지고 있어서, 해석할 때 한번 더 주의하는 것이 좋다. 뜻이 통하는 것 같아도 여기서 「場面」은 '장면'이라는 뜻이 아닌 '상황(状況)'이라는 뜻을 나타낸다.

- □ **縁起**えんぎ 운수, 재수
- □ **かつぐ** (미신에 사로잡히다)
- □ **滑**す**べる** 미끄러지다
- □ **包丁**ほうちょう 부엌칼
- □ **忌**い**み言葉**ことば 삼가야 할 말
- □ **薄**う**すい** (인연이) 약하다, (관계가) 희미하다
- □ **思**おも**いやり** 배려, 생각하는 마음

08

不景気(ふけいき)で売上げが落ちているデパートが多い中、地下にある食料品売り場が売上げの２割から３割を稼(かせ)ぐ。略して❶「デパ地下」と言われる。どのデパートも力を入れ、売り場の面積を増やしてきた。

働く女性が会社帰りに買って行くだけでなく、主婦もよく利用している。①サラダ一つ取ってもスーパーより高いが、それがつぎつぎと売れていく。有名ホテルの料理はスーパーの倍以上の値段だ。主婦が料理を作らなくなったというわけではない。普段は安い物を買っていても、たまには高くてもおいしいホテルの料理を味わってみたいのだ。おかずばかりでなくケーキや日本の菓子もよく売れるそうだ。デパートの中で、ケーキやパンの焼き上がりを待っている人たちが長い行列を作っているのをよく見かける。一度人気に火がつくと、たちまちどっと人が集まるようだ。

だからデパートでは、有名なおいしい菓子店に店を出してもらえるかが②生きるか死ぬかの問題になるほどだ。どこどこのデパートの店がおいしいと聞けば、どこであろうとすぐに確認に走る。確認が遅れてしまってほかのデパートに店を出されたら大変だ。以前変わったパンが評判になって長い列ができたことがニュースに取り上げられたことがある。それもいい宣伝(せんでん)になる。

質問 ❶ ①「サラダ一つ取ってもスーパーより高い」の意味は何ですか。

1 一つのサラダの値段がスーパーより高い。
2 サラダだけでなくほかの物もスーパーより高い。
3 サラダは全部スーパーより高い。
4 例えばサラダはスーパーより高い。

質問 ❷ ②「生きるか死ぬかの問題になるほどだ」とはどういうことですか。

1 デパ地下の売り上げの増減がデパート全体の売り上げに関係する。
2 デパ地下にいい店に入ってもらえるかが全体の売り上げにとても影響する。
3 デパ地下の店がニュースになるかならないかがデパートの売り上げにとても影響する。
4 デパ地下にホテルの料理など高級品を入れないと働く女性が来ない。

핵심 Point

- 백화점들이 지하 식품 매장을 왜 중요하게 여기는지 그 이유에 대해 설명하고 있다.
- ❶「デパ地下」는 「デパートの地下(백화점 지하)」를 줄인 말로, 일반적으로 백화점 지하의 식품 매장을 의미한다. 최근 젊은 세대는 이런 약어를 사용하는 경우가 많은데, 신문이나 잡지 등을 읽을 때 주의해서 읽도록 하자.

- □ **売上**うりあげ 매상, 매출
- □ **売**うり**り場**ば 매장
- □ **稼**かせ**ぐ** 돈을 벌다
- □ **略**りゃく**する** 생략하다
- □ **味**あじ**わう** 맛보다
- □ **おかず** 반찬
- □ **焼**や**き上**あ**がる** 잘 구워지다, 완전히 구워지다
- □ **たちまち** 순식간에, 금세
- □ **取**と**り上**あ**げる** 거론하다, 언급하다

09

本を読んで禁煙できる。そんなばかなと思うかもしれないが、事実私の息子たちはその本のおかげで禁煙できた。ある日、上の息子がその本を手にした。海外旅行の暇つぶしに買って飛行機の中で読んだのである。そして目的地に着いた時にはもう禁煙していた。それから一本のタバコも吸っていない。

下の息子はその話を聞いてそんなことあるはずがないと言って読み始めた。その子は(a)<u>彼</u>よりもっとたくさんタバコを吸っていた。ところが驚いたことに、その(b)<u>彼</u>がタバコを止められたのだ。これには親の私も驚かないわけにはいかなかった。実は今はタバコを吸わないけれど、夫も日に何本も吸う人だった。(c)<u>彼</u>が何度も禁煙に失敗しているのを見てきた。だから本を読んでタバコが止められるなど(　　　　)には信じられなかった。

そこで私もその本を読んでみた。健康に悪いとかお金のむだづかいだとかの決まった文句が並べられているのかと思いきや、そんなことは何も書かれていなかった。ただ、あなたにはタバコを吸う理由がないということが長々と書かれていた。私はタバコを吸ったことがないので、どうしてこの本がそんなに効果があるのか分からない。ただ家の中から嫌な臭いが消えたのを喜んでいるだけだ。ありがたい本があるものだ。

정답 및 해설 113P

質問 **1** (　　　　　)に入れるのに一番よい言葉を選びなさい。

1 たちまち
2 早速
3 突然
4 にわか

質問 **2** (a)、(b)、(c)の彼はそれぞれ誰ですか。

1 (a) 下の子　(b) 下の子　(c) 夫
2 (a) 上の子　(b) 下の子　(c) 夫
3 (a) 下の子　(b) 上の子　(c) 夫
4 (a) 上の子　(B) 上の子　(c) 下の子

Point 핵심

- '금연할 수 있게 하는 책'이라는 재미있는 소재를 다룬 글이다. 글쓴이의 의견이면서 주제가 담긴 문장은 제일 마지막 행이다.
- 자기 자식들을 지칭하는 말로 다양한 단어가 있다. '장남(장녀), 차남(차녀)'라는 한자어 명칭이 있는가 하면, '큰아이, 작은아이'와 같이 풀어서 말하는 표현도 있다. 일본어도 마찬가지이다. 「**長男**(장남) · **次男**(차남)」 등이 있는가 하면 「**上の子**(큰아이) · **下の子**(작은아이)」와 같이 표현하기도 한다.

- □ **おかげで** 덕분에
- □ **暇**ひま**つぶし** 시간 때우기
- □ **無駄遣**むだづか**い** 낭비
- □ **吸**す**う** (담배 등을) 피우다, 들이마시다
- □ **喜**よろこ**ぶ** 기뻐하다, 즐거워하다

10

冬休みでアメリカに帰る学生に「楽しいクリスマスを。」と言ったら、「私にはクリスマスはないんです。」と言い返された。私の言葉を取り消してほしいとでもいうような、真剣な顔をしていた。「ああそうなの。」と言いながらも、私は何だか(　　　　　)。不思議そうな私の表情を見て「私はクリスチャンじゃなくてユダヤ教を信じているので、クリスマスはないんです。」と言った。❶アメリカ人はみんなクリスマスを祝うものだと勘違いしていたのだ。彼女がユダヤ教を信じているとその時初めて知った。「じゃあ、いい休暇を。」と言い直すと、「はい。」と元気な声が返ってきた。

同じ経験をまったく違った形で経験したことがある。やはりアメリカの学生だった。彼女もクリスチャンではなかったが、反応は違っていた。「私はクリスマスを祝わないけど、日本人にメリークリスマスと言われたらメリークリスマスって答えることにしているんです。たいしたことじゃないから。じゃ、よいクリスマスを。」と言ったのである。彼女からはクリスマスプレゼントをもらったことさえある。

私はクリスマスをお祭りのような一つの行事として考えているが、外国ではそうでもないようだ。日本暮らしが長く、日本人のクリスマスのすごし方を見てきた彼女は、日本人に「メリークリスマス。」と言われた時軽く受け流す方法を身につけたようだった。外国人と話す時はその国の習慣を知って、誤解されたり傷つけてしまわないように気をつけた方がいいだろう。

質問 ❶　(　　　　　)に入れるのに一番よい言葉を選びなさい。

1 納得できなかった
2 考えられなかった
3 承知できなかった
4 確認できなかった

質問 ❷　この文章の内容と合っているのはどれですか。

1 後者は日本ではクリスチャンとして行動している。
2 クリスチャンじゃなければクリスマスを楽しんではいけない。
3 後者に日本のクリスマスの習慣が理解できるのは日本暮らしが長いからだ。
4 後者は前者よりクリスマスについて理解している。

핵심 Point

- ❶「アメリカ人は～を祝うものだ」의「もの」를 살펴보자.「もの」는 다양한 기능을 갖는데 이 문장에서는 '으레(당연히) ~하는 게 맞다, ~하는 게 일반적(보통)이다'라는 의미를 나타낸다. 이렇듯 우리말로 해석이 까다로운 문장의 단어들은 많은 예문을 통해 그 용법을 익혀 두어야 한다.
- 글쓴이가 말하고자 하는 바는 세 번째 단락에 잘 나타나 있다.

□ **言**いい**返**かえ**す** 말을 되받다, 대꾸하다
□ **取**と**り消**け**す** 취소하다, 없던 걸로 하다
□ **真剣**しんけん 진지함, 진심
□ **ユダヤ教**きょう 유대교
□ **勘違**かんちが**いする** 착각하다, 잘못 알다
□ **反応**はんのう 반응
□ **受**う**け流**なが**す** 받아넘기다
□ **大**おお**いに** 크게

11

携帯電話の進化は大量のデータの交換や情報収集を可能とし、人々のコミュニケーションスタイルを大きく変化させている。まず、携帯電話の一般化による所属感の変化がある。連絡をしたらすぐ返事が来ることが当たり前となり、相手からの連絡が来ない場合必要以上に寂しさやストレスを感じるという。常に誰かと繋(つな)がっていたいために、はっきりとした目的なしに連絡を取ることが多いようだ。

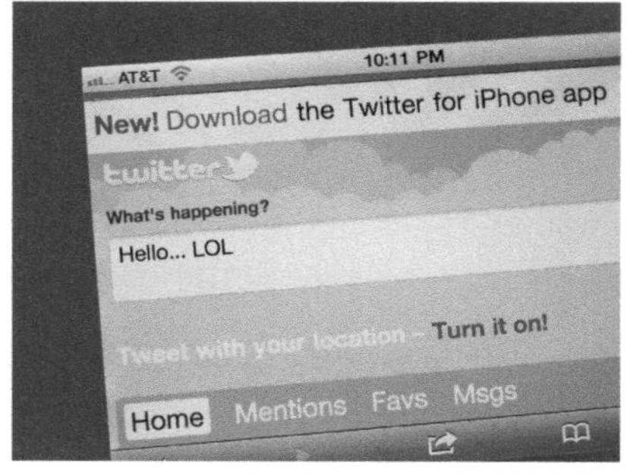

フェイスブックやツイッターなどでは、実際に会ったりしなくてもお互いの状況がよく分かる。その上、友達の友達が友達になったり、昔の友達にコンタクトすることもできる。何気ない話に、遠くはなれたよく知らない人から返事が来たりする。つまり、相手が決まっていないコミュニケーションが行われている。また、自分で作ったコンテンツを誰かに見せたり、必要なコンテンツを手に入れることも簡単にできる。こうなってくるともう携帯は自分の分身であり、なくてはならない存在といえる。

最近の若者はコミュニケーション能力が低下しているとよく言われる。しかし、それは携帯による新しいコミュニケーションをしているからではないだろうか。つまり、実際に触れ合うコミュニケーションだけがコミュニケーションだと考えている人たちの偏見ではないだろうか。触れ合うコミュニケーションにも、携帯によるコミュニケーションにもそれぞれ長所(ちょうしょ)、短所(たんしょ)がある。今後はこの二つのコミュニケーションを理解することが必要なのではないかと思っている。

質問 1 「自分の分身であり」の「あり」と同じ使い方の文はどれですか。

1 彼の話には夢があり、魅力的だ。
2 日本一であり続けるのは大変だ。
3 本当にありそうな話だと思った。
4 兄は医者であり妹は音楽家だ。

質問 2 この文章の内容と合っているのはどれですか。

1 最近の若い人たちはコミュニケーションが下手である。
2 携帯を使ったコミュニケーションをする人は言葉を媒介としない。
3 新しい携帯によって新しいコミュニケーションスタイルができてきた。
4 自分が連絡を取りたい時だけ連絡する楽なコミュニケーションである。

핵심 Point

- 휴대전화의 진화로 인한 커뮤니케이션의 변화에 대한 글이다. 앞의 두 단락에서는 최근 일어나는 현상에 대해 설명하고, 마지막 단락에서 그에 대한 글쓴이의 생각과 주장을 나타내고 있다.

- □ **通信**つうしん 통신
- □ **進化**しんか 진화
- □ **交換**こうかん 교환
- □ **情報**じょうほう 정보
- □ **収集**しゅうしゅう 수집
- □ **所属感**しょぞくかん 소속감
- □ **分身**ぶんしん 분신
- □ **コンテンツ** 콘텐츠

12

最近、「情(なさ)けは人のためならず」を「人を助けると、結局はその人のためにならない。」という間違った意味で使う人が増えてきました。( )、「人のためならず」は、「人のためではなく、自分のためだ」と言う意味だったのですが、「人のためではない」という意味だけが残ってしまったようです。

❶このようなことがどれぐらい起きているのでしょうか。文化庁(ぶんかちょう)が行った調査によると、正解率は47.2%でした。60%以上の大学生が間違って覚えているという調査もありました。年齢別に見てみると、60歳以上の回答者の正解率は65.2%で、年齢が下がるにつれて正解率は下がる傾向にあったそうです。年配の人は、「最近の若者は言葉を知らない」と言う人が多いです。

「情けは人のためならず」の次によく間違って使われる言葉に、「役不足(やくぶそく)」もあります。これももともとその人の能力より、役目が軽すぎることを意味しますが、逆の意味で使っている人が多いようです。❷このようなことがありました。ある会場で新しいプロジェクトの責任者になった人が、「役不足(やくぶそく)かもしれませんが、精一杯(せいいっぱい)頑張ります。」と挨拶をしたのです。挨拶をした人は「私では能力が十分ではないので、皆さんに迷惑をかけるかもしれませんが。」と謙遜(けんそん)して言いたかったのかもしれませんが、本当は「私にはこんな仕事簡単すぎて満足できません。」という、とても恥ずかしい挨拶です。その挨拶に驚いている人はいないように見えましたが、私は驚いてしまいました。そして間違った表現を❸聞いたことで、「こんな人にプロジェクトを任せてもいいのだろうか。」と心配にもなりました。言葉が他の人に与えるイメージはたった一瞬で決まってしまいます。そのためにも正しい日本語を知り、あいまいな表現は注意して使うよう努力する必要はあると思います。

質問 ❶　(　　　　　)に入れるのに一番よい言葉を選びなさい。

1　本当に
2　しかし
3　確かに
4　実は

質問 ❷　役不足はもともとどんな意味だったと言っていますか。

1　その人の能力よりも役目が簡単すぎる。
2　その役目にはその人の能力が十分ではない。
3　その役目にはその人が合っていない。
4　その役目は一人では足りない。

Point 핵심

- 두 번째 단락의 ❶과 ❷는 같은 말이지만, ❶은 앞에 나오는 문장을, ❷는 뒤에 나오는 문장을 가리키고 있다. 「このようなこと」를 포함하는 문장이 과거형으로 끝나는 경우에는 뒤 문장을, 과거형이 아닐 경우에는 앞 문장을 가리키므로, 문말 표현에 주의하여 읽는다.
- ❸「聞いたことで」의 「～ことで」는 이유나 원인을 나타낸다. 「聞いたために」와 같은 뜻이다.

- □ **情**なさ**け** 인정, 정
- □ **世論**よろん 여론
- □ **年齢**ねんれい 연령
- □ **責任者**せきにんしゃ 책임자
- □ **精一杯**せいいっぱい 힘껏
- □ **迷惑**めいわく 폐
- □ **曖昧**あいまい 애매함
- □ **入**い**れ替**か**える** 바꾸다

13

以前、定年後の夫が「粗大ゴミ」とか「ぬれ落ち葉」などと言われたことがあった。「粗大ゴミ」はたんすのような、家に置いておくとじゃまな大きなゴミ、つまり場所をふさぐだけで何もしないで役に立たない夫を意味する。「ぬれ落ち葉」はぬれた落ち葉がぴったりついて離れないことから、妻の後をついて歩く夫のことを指している。どちらも定年後にすることがないために、あるいは何もしないために起きる状態を表していた。

ところが最近、(　　　　)深刻な事態が発生している。夫が家にいるためにストレスで精神科に相談に行く妻が増えている❶という。これを「夫在宅ストレス症候群」❷という。妻がストレスを感じる夫は、いつも妻の行動をあれこれ指示したり、家で何もしなかったり、妻に関心がなかったりするタイプだそうだ。

最近は定年前から定年後の生活の仕方を教える教室が開設され、受ける人も多い。そこでは年金などの経済的な情報を与えたり定年後にどのように日常生活を送るかを教えている。❸夫が定年になったからといって、妻は急に生活を変えられない。夫が会社に出かけていた時は、昼間はのんびり好きに過ごすことができた。妻は人とのお付き合いや趣味に結構忙しい。それなのに、夫がいれば昼ご飯も手を抜くことができない。返って忙しくなる。そんな時に、あれこれ指示しながら手伝ってくれなかったら、ストレスがたまって病気になるのも無理はない。

夫が定年になってうれしいとか助かるとか言っている妻も結構いるのだから、もしあなたの奥さんが「夫在宅ストレス症候群」になったら、本当に不名誉なことだと思ってほしい。

質問 ❶　(　　　　)に入れるのに一番よい言葉を選びなさい。

1 それより
2 それほど
3 それから
4 それだけ

質問 ❷　妻が「夫在宅ストレス症候群(しょうこうぐん)」にならないためには夫はどうしたらいいですか。

1 「定年後の生活の仕方」の教室を受ける。
2 昼ご飯は夫が作る。
3 妻とは関係ない生活を続ける。
4 夫も趣味を持ったり家事などをする。

Point 핵심

- ❶과 ❷의「~という」는 서로 의미가 다르다. ❶의「~という」는「そうだ(~라고 한다)」의 의미이고, ❷의「~という」는 글자 그대로 직역하여 '~라고 말하다'이다.
- ❸「夫が定年に ~無理はない」는 은퇴한 남편과 아내 사이에 불화가 발생할 수 있는 요인을 들고 있다. 그리고 다음 단락에서 그 문제점의 해결 방안도 제시한다.

- □ 落(お)ち葉(ば) 낙엽
- □ たんす 장롱
- □ じゃま 방해, 거추장스러움
- □ ふさぐ 막다, 틀어막다
- □ のんびり 느긋하게, 한가하게, 태평하게
- □ たまる 쌓이다, 축적되다
- □ 過(す)ごす 보내다, 지내다

14

世界はカード社会になってきている。カードは現金を持つ必要なく、カードでショッピングできる手軽さだけでなく、各カード社の付加サービスを活用することで現金よりもお得だという感じを与える。例えば、多様なディスカウント、各種特典やポイント制度または保険サービスなどである。そして、これらの特典はカード社によって違うため必要な特典を得るためにカードを作る場合さえある。その他、カードを使ってインターネットや携帯などで簡単にショッピングができることや、電車やバス、タクシー、高速道路などの支払いなどもできるということもカード使用の増加の原因と言える。

あるカード社の2009年の調査によると、クレジットカードの所有枚数は平均3.5枚で、毎年少しずつ増えているそうだ。しかし所有しているのはクレジットカードだけではない。商店の割引カードやポイントカードなど多様なカードがある。あるサイトでは、カードの理想的な組み合わせとして、メインのクレジットカード１枚、スーパーマーケットなどの割引カード２枚、よく使う店の特典カード１枚、空港会社のマイル用カード１枚、あわせて６枚を挙げている。そのため、最近カードケースを財布と別に持ち歩く人も少なくない。

また、最近では携帯のICチップにカード機能をもたせ、カードを持たずに携帯電話での支払いも普及してきている。しかし、こういった支払方法を有効に活用できている人がいったいどれくらいいるだろうか。自己破産の原因のひとつとしてカードの使用が❶言われている。何枚かのカードを使用することで実際に返せる金額を超えてカードの使用が可能となってしまうためだ。カードの効果的利用法。ぜひマスターしたいものだ。

質問 ❶　カード利用が増加する理由は何ですか。

1 カード社の特典や、使用範囲が増えてきているから
2 携帯にカード機能を持たせた方が便利だから
3 カードでインターネットができるから
4 何枚かのカードを使うと使用できる金額を超えて使用が可能となるから

質問 ❷　筆者が一番言いたいことは何ですか。

1 自己破産の原因はカードをたくさん持っていることだ。
2 カードの効果的な使い方を知る必要がある。
3 カードは一人６枚以上持つのが理想的である。
4 カードを持つと要らない物まで買ってしまう。

- 점점 늘어가는 신용카드 사용에 대한 글이다. 마지막 문장에 글쓴이가 말하고자 하는 것이 나타나 있다.
- ❶「言われる」는 「言う」의 수동태로 이 글에서는 「(多くの人に)言われている」, 즉 '(많은 사람에게) 일컬어지고 있다'라는 의미로 사용되고 있다. 전체 문장은 '자기 파산의 원인 중 하나가 카드 사용에 있다고 많은 사람들이 말하고 있다.'라고 해석하면 된다.

- □ **特典**とくてん 특전, 혜택
- □ **制度**せいど 제도
- □ **保険**ほけん 보험
- □ **高速道路**こうそくどうろ 고속도로
- □ **範囲**はんい 범위
- □ **所有**しょゆう 소유
- □ **自己破産**じこはさん 자기 파산
- □ **金額**きんがく 금액

15

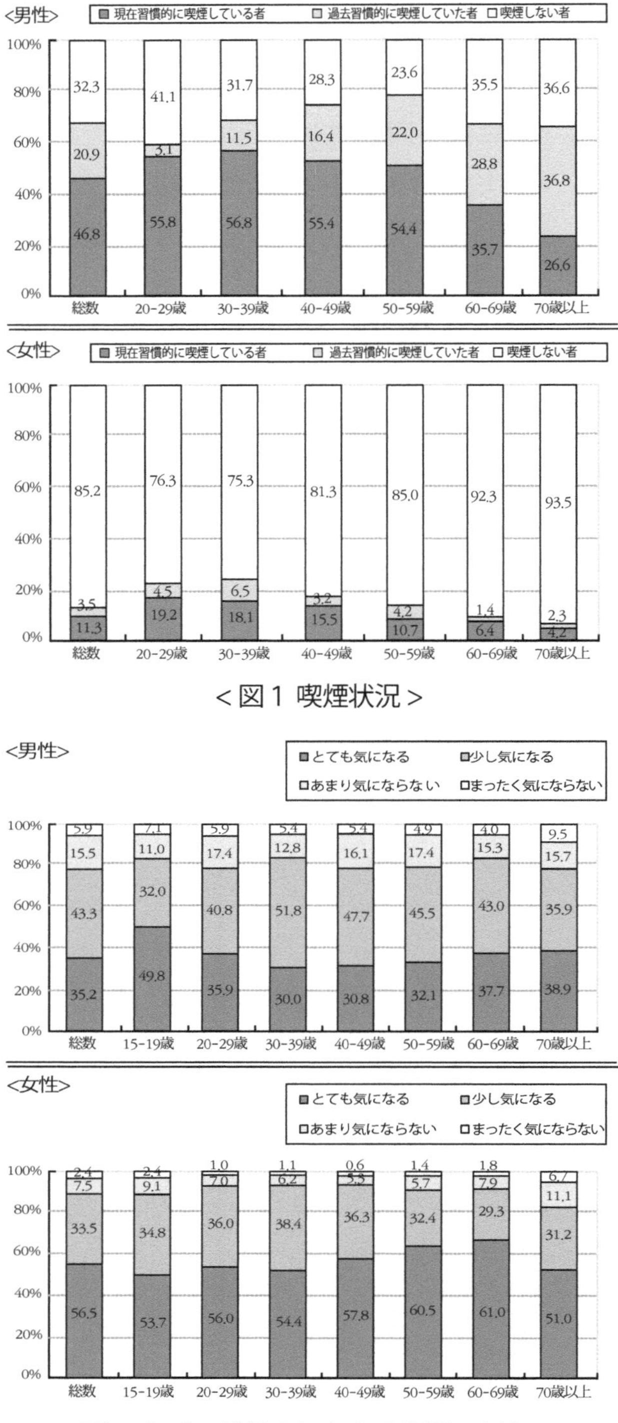

<図1 喫煙状況>

<図2 タバコが健康に与える影響に対して>

質問 1 図1「喫煙の状況」から分かることは何ですか。

1 過去にタバコを吸っていた人が最も多いのは男女とも70歳以上だ。
2 現在50代の人が若かった時タバコを吸う人は最も多かった。
3 年齢が上がるにつれ吸わない人の割合が高くなる。
4 女性の場合、現在タバコを吸っている人の割合が一番高いのは20代だ。

質問  次の(a) (b) (c) (d)にはどの言葉を入れたらいいですか。

　現在習慣的にタバコを吸っている人の割合は、男性で46.8%、女性で11.3%である。男性では30代、女性では20代が最も多く30歳(a)は年齢が上がるとともに減っている。タバコの健康に与える害について「とても気になる」と答えた人の割合は女性では(b)年齢でも50%以上、男性では50%(c)あったのは10代(d)である。

1	(a) 以上	(b) いずれの	(c) 近く	(d) のみ
2	(a) 以後	(b) どの	(c) あまり	(d) だけ
3	(a) 以降	(b) どの	(c) ぐらい	(d) しか
4	(a) 後	(b) 各	(c) ほど	(d) ばかり

- 〈표1〉은 여성 흡연자와 남성 흡연자의 흡연 유형을 연령대별로 비교하고 있다. 그래프를 읽을 때는 먼저 조사 내용과 대상을 확인하고, 각 대상별로 최고 수치와 최저 수치를 우선적으로 분석해 간다.
- 〈표2〉는 흡연에 따른 건강 문제를 남녀별로 얼마나 신경 쓰고 있느냐 하는 것을 보여주고 있다. 조사의 내용만 달라졌을 뿐 샘플 집단은 〈표1〉과 같다. 각 조사 항목별로 어느 대상 집단이 가장 큰 비율을 차지하는지, 그 반대는 어느 집단인지를 비교한다.

- □ **習慣**しゅうかん 습관
- □ **喫煙**きつえん 흡연
- □ **まったく** 전혀
- □ **割合**わりあい 비율
- □ **~とともに** ~와 함께
- □ **与**あた**える** 주다, 부여하다, 끼치다

PART
3

長文
장문

01 멋지게 늙고 싶다 | **02** 혈액형으로 알아보는 성격 | **03** 사라져야 할 집단 따돌림 | **04** 고령화 사회 문제 | **05** 동물원들의 참신한 아이디어 | **06** 삼림을 보호하자 | **07** 대세는 무료 신문 | **08** 지진에 대비하자 | **09** 일본의 식사 예절 | **10** 독신을 선택한 그녀들

01

まだ若かったころ、老人電話相談員をしたことがある。70歳以上の一人暮らしのお年寄りに毎日電話して元気かどうかを確認するのだ。以前、一人暮らしをしていた老人が亡くなって何週間も気がつかなかったということがあって、それを(　①　)と作られた制度だった。ただ確認すればいいといっても「お元気ですか。じゃあ。」と言って電話を切るわけにはいかない。お年寄りの話相手になるのだ。私はまだ20代だったから話題に困りながらも、お天気や日常生活のことなど、お年寄りの話を聞く仕事を続けていた。同じ人に電話をかけていたから、しばらくするとそれぞれの生活や性格などかなり分かってきた。

その中で私が最も尊敬していたお年寄りは、もう90歳だったが毎朝ラジオで英語とドイツ語を勉強していた。「覚えてもまたすぐに忘れちゃってね。」と笑いながらも、決して止めようとしない努力家だった。インターネットがまだ広まっていなかった時代で、手紙を交換する友達が全国に500人もいた。その中には孫のような年の子供もいて、時々会って話をすることもあるようだった。その子のためにささやかながら貯金もしていた。彼はほんの少しの親切にも深い感謝を忘れない人だった。いつも前向きな彼に、私もこんな老人になれたらと思ったものだ。

そうかと思えば電話のたびに文句ばかり言っている人もいた。彼らの文句はたいてい自分の家族に対しての不満だ。一方的に聞かされるだけなので、本当は彼らの家族がどんな人かわからない。気の毒だと思いながらも家族について悪く言うのはどうかと思った。彼らは私の(　②　)教師だった。反対に小さなことでも楽しみを見つけようとする人たちはあまり不満を言わなかった。趣味で忙しい人もまた同じだった。そんなお年寄りたちとはいろいろな話ができただけでなく、ためになる話もしてくれて楽しい時が過ごせた。

お年寄りは体の自由が段々利かなくなるため、年齢が高くなるにつれて精神的な不安やストレスが高くなる。そのため誰かに頼りたくなるのは当たり前とも言えるのだが、不満ばかりでは自分も周囲の人もストレスがたまってしまう。それに、核家族（かくかぞく）で暮らすことの多い若い人たちには「老いる」ということがどんなことなのかあまり理解できないところもあるのだろう。私自身もそうだった。

あるお年寄りの話だ。その人は雨が落ちてくる汚いアパートに住んでいたのに少しも不満を言わず、近所の人が天井にビニールシートを張ってくれたことに感謝していた。彼女のアパートを訪れた私は、環境のひどさに言葉も出なかった。しかし彼女は、小さな幸せを感じることができる人だった。20匹以上も猫を飼っていて自分の食べ物も猫にやってしまうおばあさんは、猫との生活がすべてだった。いつも「私が死んだら猫が困る」と言っていたが、私からみると、猫がいなかったら困るのは彼女のほうだった。誰かに必要とされることは生きる喜びになるのだと知った。

色々なお年寄りと様々なことを話す仕事は彼らの考え方や生活を学ぶいい機会だった。なにより、幸せな「お年寄り」になるためにどうすべきか学ぶことができたと思う。今私はあのころの老人たちの年齢に近づいている。私が若いころに学んだことを生かして生きていけるかどうかはまだ分からない。しかし、若い時に「お年寄り」と接することの大切さを他の人にも伝えたいと思っている。

質問 ❶

(　①　)に入れるのに一番よい言葉を選びなさい。

1 防ごう
2 やめよう
3 助けよう
4 避けよう

質問 ❷

「ささやかながら」の「ながら」を同じ意味で使った文はどれですか。

1 会社に行きながら、新聞を買った。
2 初めてながら、なかなか上手に出来たので驚いた。
3 授業を受けながら、ほかのことを考えてしまった。
4 彼が叫びながら近づいて来たので怖くなった。

質問 ❸

(　②　)に入れるのに一番よい言葉を選びなさい。

1 反面
2 反対
3 短所
4 欠点

質問 ❹

老人電話相談員の仕事は何ですか。

1 電話で老人が元気でいるかチェックする。
2 お年寄りが困っていたら行って助けてあげる。
3 老人が死なないように毎日電話をかける。
4 病気のお年寄りを探す。

質問 **5** 筆者の尊敬していたお年寄りはどんな人ですか。

1 言葉を覚えることができなくなっていた人
2 手紙を交換できる相手とは会ったことがない人
3 90歳になるのに勉強を続けていた前向きな人
4 孫と離れて一人で生活していた人

質問 **6** 筆者はどんなお年寄りになりたいですか。

1 いつも人に頼る人
2 不満を言わないで小さなことにも感謝できる人
3 家族といっしょにいられる人
4 どんな時も人に頼らない人

Point 핵심

- 어느 한 단락에서 주제를 드러내기보다는 몇 가지 예를 들어 보여줌으로써 읽는 이에게 생각하고 느끼게 하는 글이다. 예로 든 것마다 일관적으로 설명되고 있는 사실이 전체 주제가 된다. 긍정적이고 적극적인 생활 자세를 가진 사람과 그 반대의 경우를 교대로 설명하는데, 왜 상반된 사례를 들었는지를 잘 생각하면 전체의 주제가 보인다.

- □ **前向**まえむ**き** 적극적, 긍정적
- □ **気**き**の毒**どく 불쌍함, 가여움
- □ **頼**たよ**る** 의지하다, 기대다
- □ **天井**てんじょう 천장
- □ **張**は**る** 붙이다
- □ **飼**か**う** 키우다, 사육하다
- □ **学**まな**ぶ** 배우다, 익히다
- □ **近**ちか**づく** 가까워지다, 다가가다

02

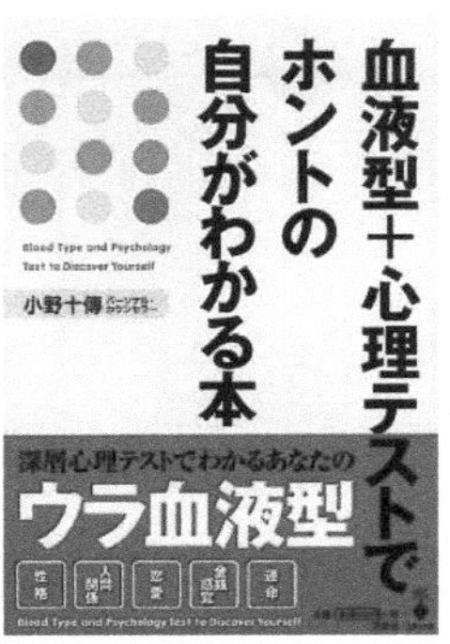

血液型による性格判断が日本ほどはやっている国はありません。日本はＡ型40％、Ｏ型30％、Ｂ型20％、AB型10％と全部の血液型の人がほどよくいます。ですから血液型で性格を判断しようということになったのでしょう。しかし世界では90％が同じ血液型である国もあります。その国では血液型で性格を判断しようなどと誰も考えないでしょう。①そんなことを言うと笑われてしまいます。ですから世界では血液型に興味を持たない人も多く、自分の血液型を知らない人もかなりいます。

血液型性格判断に書かれていることを読んでみると、どんな人にも一つ二つは当てはまることが出てきます。だから「やっぱりＡ型ね。」と思ったりしたら困ります。インターネットで血液型を当てるページがあったのでやってみたところ、❶本当の血液型である可能性が最も低いという結果が出ました。②こんな程度なのです。

「Ａ型はきちんとしている、Ｏ型は心が広い、Ｂ型は人に影響されない、AB型は二重人格(にじゅうじんかく)。」などというひどく差別的な性格判断もあります。これを読んで自分がAB型だったら間違いなく落ち込むでしょう。この性格判断ではＢ型は人に影響されないとありますが、他の血液型性格判断では自分勝手だとも言われたりしています。

しかし一方から見てきちんとしているという性格も、逆から見れば神経質だとも言えます。同様にAB型は二重人格なんてひどいことを言われていますが、その場に応じて行動できる頭の良さを持っているとほめる性格判断もあります。だからこそ気にすることはないのだと言う人が多いでしょう。

でも血液型性格判断には差別が隠れています。多数派(たすうは)にいい性格判断が多いので、少数派(しょうすうは)で嫌な思いをしている人がいるのだそうです。少数派のほうがよくない性格が強調されていると言うことです。何かをした時「やっぱりAB型だからね。」などとマイナスイメージで決めつけられては気分が悪くなります。ですから気にして自分の血液型を秘密にしている人さえいるそうです。テレビの番組などで「人の話を聞かないから絶対にB型の人は雇わない。」などと有名人が言ったりすると、その影響力はとても大きいのです。そういう言葉はやはり差別だと思います。それが一般に広まってＢ型やAB型の人の立場が悪くなるのです。

こうなるとそのまま放(ほう)っておくわけにもいきません。日本で血液型性格判断がこんなにはやったのは1970年代からで、これまで多くの批判が起こりましたが、ずっと人気がなくなることはありませんでした。なぜこんなに人気があるのでしょうか。それは仲間意識です。同じ価値観(かちかん)で人を判断する安心感があります。けんかになることもなく笑って終わるのが普通です。ただの遊びなんだから問題ないと思っている人がほとんどです。とするとこれは簡単にはなくならないでしょう。

質問 ❶　①「そんなこと」とは何ですか。

1　その国の90%の人が同じ性格だということ
2　いろいろな血液型の人がほどよく存在しているということ
3　血液型で性格が判断できるということ
4　日本では血液型で性格が分かるということ

質問 ❷　②「こんな程度」とはどんな程度ですか。

1　すぐに何型だと判断できる程度
2　１つか２つ当たればいい程度
3　必ず当たる内容がある程度
4　自分の血液型である可能性が一番低く出る程度

質問 ❸　日本で血液型性格判断がはやっている理由は何ですか。

1　日本ではみんなが自分の血液型を知っているから
2　長い間続いてきた習慣だから
3　統計(とうけい)に基づいたものなのでよく当たるから
4　A・O・B・ABの血液型の人がほどよくいるから

質問 ❹　血液型性格判断の問題点は何ですか。

1　血液型性格判断の基準が色々ある。
2　血液型で差別されることがある。
3　性格判断に裏表がある。
4　血液型を秘密にしている人がいる。

質問 **5**　**この文章に続く文の内容として最も適当なのはどれですか。**

1　血液型性格判断がはやる理由の分析
2　血液型性格判断の問題の解決方法
3　血液型性格判断が好きな人の心理分析
4　血液型性格判断の科学的な理由

質問 **6**　**筆者が一番言いたいことは何ですか。**

1　血液型性格判断は人を傷つけるから禁止すべきである。
2　血液型性格判断は大多数の人の判断基準である。
3　血液型性格判断は使い方次第で役に立つ。
4　血液型性格判断は差別を生むことがある。

핵심 Point

● ❶「本当の血液型」란 글쓴이 자신의 실제 혈액형을 가리킨다. 즉「私の本当の血液型」혹은「自分の本当の血液型」인 것이다.

Words

- □ **仲間**なかま 동료, 패거리
- □ **はやる** 유행하다
- □ **ほどよい** 정도가 알맞다
- □ **当**あ**てはまる** 들어맞다, 적합하다
- □ **きちんと** 정확히, 딱 부러지게, 규칙 있게
- □ **落**お**ち込**こ**む** 침울하다, 가라앉다
- □ **勝手**かって 제멋대로다
- □ **隠**か**くれる** 숨다
- □ **雇**やと**う** 고용하다
- □ **放**ほ**っておく** 내버려 두다

03

日本で一年間いじめが起きた件数は、小・中・高校を合わせて約７万件だそうだ。最近問題になっている学校に行かない子供も全国の小・中学校で年間12万人に上(のぼ)るそうだ。いじめ問題は自殺者が出たりするとニュースになるが、自殺するほどではなくても苦しんでいる子供はたくさんいる。この数字は①氷山(ひょうざん)の一角(いっかく)ではないだろうか。

いじめの話を(　　　　)、息子がいじめられた時のことを思い出す。小学校３年の時のことだった。新しい女の先生はとても熱心で親たちの評判もよかった。ある日、息子が「先生と昼ご飯を一緒に食べるのは嫌だな。」と言うのでわけを聞いてみたら、子供が仲間はずれにされていることがわかった。友達がいないというわけではない。それどころか休み時間は一番楽しい時間だった。問題は授業や昼ご飯の時間だった。

(A)　それからは毎日が苦痛だった。昼ご飯は先生と向かい合って食べる。授業中にグループ活動があれば1人でしなければならない。私はよほど先生に言いに行こうかと考えたが、しばらく様子を見ることにした。毎日息子が帰ってくると学校生活についていろいろ話した。最後に「あのことは嫌だったけど、あれは楽しかったね。悪いことばかりじゃなかったね。」と楽しいことを見つけてやるのが習慣になった。

(B)　ある日子供が「今日、嘘をついたと言って前田さんが怒られた。」と話した。保健の先生に提出しなければならない物があったらしい。ちゃんと出したかどうかクラスの先生が子供たちに確認したところ、全員が出したと言ったらしい。ところが実際はある女の子が出していなかった。保健の先生に言われ、先生は恥をかいたらしい。その子は先生が恐ろしくて何も言えなかったに違いない。息子のように1人にされたくなかったのかもしれない。

(C) もう何とかしなければならないと思った。実際には私が行動する前に1人のグループはなくなった。息子の忘れ物がなおったわけではない。1つのグループが5人になったからだ。またグループの共同責任もなくなった。この共同責任という考え方は、失敗した子をほかの子が責めるようになりやすく、子供たちの仲を悪くするようなものだと思う。止めてほしいと強く願っている。

(D) ある日息子の先生がこう言った。「もし誰かが忘れ物をしたらそのグループみんなの責任にします。」そして4人ずつのグループを作ることになった。生徒の数は４で割ると１人余る数だった。②普通の先生なら５人のグループも作るはずだが、彼女はそうはしなかった。たぶんみんなに「よくない子はこうなるのよ」と見せたかったのだろう。いつも忘れ物をしている息子をグループに入れなかったのだ。

(E) 何年かして私はこの経験を童話にした。その中で勇気のある女の子に「5人のグループを作ったらいいんじゃないですか。」と言わせた。現実には先生にそんなことを言える小学３年生がいるとは思えなかったけれど、読んだ人に考えてもらいたかったのである。

質問 ❶　(A) (B) (C) (D) (E)を正しい順番になるように並べなさい。

1 (B) → (D) → (A) → (C) → (E)
2 (D) → (A) → (B) → (C) → (E)
3 (D) → (A) → (C) → (B) → (E)
4 (E) → (D) → (A) → (B) → (C)

質問 ❷　①「氷山の一角」を表している図はどれですか。

1
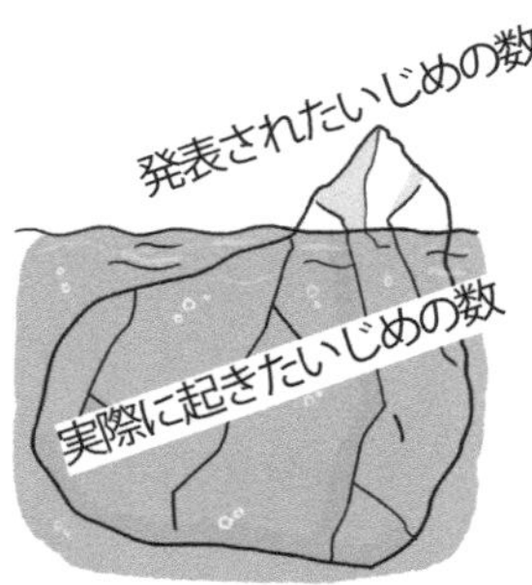

2

3

4
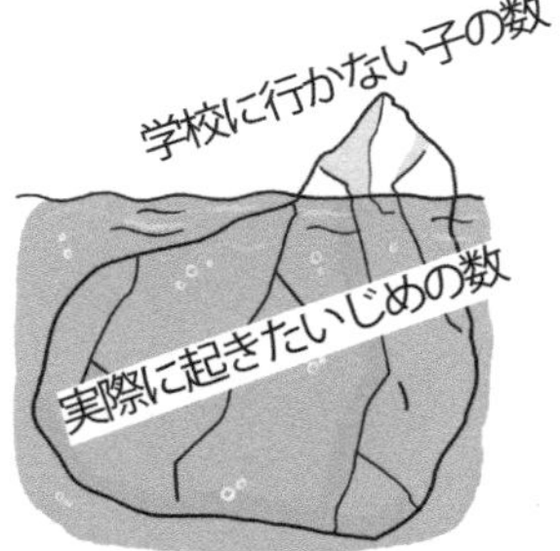

質問 ❸　②「普通の先生」とはどういう先生ですか。

1 評判がいい先生
2 熱心な先生
3 どこにでもいる先生
4 常識のある先生

質問 4　(　　　　　)に入れるのに一番よい言葉を選びなさい。

1　聞くたびに
2　聞きながら
3　聞いたら
4　聞くなり

質問 5　息子の性格はどうですか。

1　忘れ物をよくする。
2　勉強が嫌いだ。
3　友達がいない。
4　先生が嫌いだ。

質問 6　筆者はどんなことをしましたか。

1　毎日息子の話を聞いて先生に対して怒っていた。
2　その日にあったことをいいことと悪いことに分けてやった。
3　先生に止めるよう言いに行った。
4　毎日学校で楽しかったことを息子に見つけさせた。

핵심 Point

- 어떤 구체적인 사건을 통해 자신의 메시지를 전달하려는 글이므로 '사건의 도입 → 발단 → 전개 → 결말'의 순서로 정리하며 읽는다.

- □ 苦くるしむ 고통받다, 시달리다, 괴로워하다
- □ よほど 정말(이지)
- □ 恐おそろしい 무섭다, 두렵다
- □ 忘わすれ物もの 깜빡 잊은 물건
- □ 責せめる 추궁하다
- □ 割わる 깨다, 깨뜨리다

04

(A) お金の問題ばかりではなく、体が弱って自分で生活できなくなるお年寄りが増加するとそれを支える人も大勢必要になる。子供が減って労働力が足りなくなる将来、これも大きな不安の材料になる。地域間の差もある。今後全国で高齢化が進むが、❶大都市では低い。それ以外の地域で高くなり、老人ばかりの地域も増加する。

(B) 急に高齢化が進むと、公的年金は現在働いている人が払っている保険料を使用するため、年金制度が壊れてしまう心配がある。今と同じ年金を支給し続けようとすれば、保険料を現在の倍ぐらいに上げなくてはならないが、とても負担できないだろうと言われている。年金制度を(　　①　　)。

(C) 統計によれば日本の高齢化率は、1980年代までは先進国の中では下のほうだった。また1990年代でもほぼ真ん中ぐらいだったが、現在は23.1％に上がり、ほぼ４人に１人が65歳以上となった。この傾向はさらに進み、2015年には26％、2050年には37.5％になると考えられ、老人国になるそうだ。原因として平均寿命が伸びたことや女性が子供を産まなくなってきていることがあげられる。

(D) また少子高齢化は国の力を弱くし、経済の成長も下がってしまう。では個人的にはどうしたらいいのか。国には頼れないと多くの人たちが考えている。しかし健康であればほとんどのことが解決できる。国全体の医療費も減らすことができる。少子化で労働力不足が起こるのだから働いてお金を得ることもできる。今までのように長時間働くのではなく、好きなだけ楽しみながら働きたい。ボランティアでもいい。これも社会全体から考えると費用を減らすことになる。個人の生き方が社会に影響してくる時代になるだろう。

(E) 年金と同時に増加する一方の医療費(いりょうひ)問題も早く解決しなければならない。老人は(②)で医療費(いりょうひ)がかかる。老人医療費(いりょうひ)は毎年９％前後増加していて、医療費(いりょうひ)全体の37％も占めている。それをみんなで支えているが、これも支える人口が減ればできなくなる。

質問 ❶ (A) (B) (C) (D) (E)を正しい順番に並べなさい。

1 (B)→(E)→(C)→(A)→(D)
2 (C)→(B)→(E)→(A)→(D)
3 (C)→(B)→(A)→(E)→(D)
4 (C)→(D)→(B)→(E)→(A)

質問 ❷ (①)に入れるのに一番よい言葉を選びなさい。

1 急いで変えたほうがいいことである
2 変えるのが急がされるはずである
3 変えるのが急がせられる理由である
4 変えるのを急がなければならないわけである

質問 ❸ (②)に入れるのに一番よい言葉を選びなさい。

1 病気がち
2 病気ぎみ
3 病気まみれ
4 病気づくめ

質問 ❹ 日本の高齢化について述べているのはどれですか。

1 今約４人に１人が65歳以上で、2015年まで割合は変わらない。
2 今後高齢化は大都市を除く全地域で起きる。
3 長生きする人が増え、子供が生まれなくなって高齢化が進んだ。
4 1990年代にはすでに世界でも高齢化が進んでいる国であった。

質問 **5** 高齢化が進むとどうなりますか。

1 老人の世話をする人が大勢必要になり、年金がもらえなくなる。
2 国の費用を減らすためにボランティアをしなければならなくなる。
3 国の力が弱くなって経済成長率も下がるので仕事が減る。
4 医療や年金などを変える必要が出てくる。

質問 **6** 高齢化社会についての筆者の意見はどれですか。

1 年金が少ないのだから今と同じように働くべきだ。
2 楽しみのために働いたりボランティアをしたらいい。
3 生活を支える人が足りない時はボランティアをすればいい。
4 国に頼らないほうがいい。

- ❶「大都市では低い。それ以外の地域で高くなり」は「大都市では高齢化(の割合)が低い。それ以外の地域で高齢化(の割合)は高くなり」의 의미이다.
- 글의 순서를 찾아야 하는 경우에는 먼저 도입부를 찾는다. 이 글은 제목이 곧 주제이므로 '저출산 고령화'의 현 상태와 문제 제기가 되어 있는 부분을 찾으면 된다.

□ **弱よわる** 약해지다
□ **支ささえる** 떠받치다, 지탱하다
□ **壊こわれる** 망가지다, 부서지다

05

(A) 動物園は子供たちに人気のある場所だ。しかし以前のようには人が集まらなくなってきている。どこの動物園も入場者が減っているのが悩みの(　　　　)だ。

(B) 動物園といえば、東京の上野動物園が第一にあげられる。1883年に日本で最初に開かれた動物園で、有名なパンダを始めさまざまな動物が約495種類2700匹も飼われている。お客も年間300万人以上になる日本一の動物園だ。

(C) ところが現在最も注目されているのは北海道旭川市にある旭山動物園だ。この小さな動物園が、去年の7～8月の入場者数で上野動物園を上回った。

(D) 1996年にはわずか26万人ぐらいまで減っていた入場者が、2006年には約300万人を上回った。この動物園は珍しい動物がいるわけではないが、動物が本来持っている能力を引き出し、生き生きとした姿を見せることで人気が出てきたのだ。動物の見せ方にいろいろな工夫がされているのだ。「行動展示」という方法だそうだ。もちろん子供たちは大喜びだ。

(E) 例えばオランウータンは高いところが好きな動物なので、17メートルほどある高さに紐を張った。そこをオランウータンが渡るのは自然な行動だがどこの動物園でも見られるものではない。また1日に数回ある「もぐもぐタイム」というオランウータンの食事の場面も珍しい。飼育の裏側をわざわざ見せているのだ。

(F) ほかの動物もただ餌を与えるというのではなく餌が簡単に手に入らないようにしている。隠された餌を探すために木に登ったり下りたり、自然の中でそうしていたように木の実のような物も自分であちこち拾い集めなければならない。そうした姿を見ることは楽しい。

(G) ペンギンやアザラシが泳ぎ回っている姿を水のトンネルから見ることができる。冬にはペンギンが動物園の中を散歩する。その歩く姿がまた子供たちに大変人気があるそうだ。また、従来は鳥が飛び去らないよう羽の一部を切っていたものを、人間がかごの中に入って、鳥が自然の姿で飛び交う様子を見ることができる。あるいはライオンなどの猛獣の真下に空洞の見学スペースを用意して、目の前で猛獣を見ることもできる。あまりに近くて怖いほどだ。本当に今までとは違った方向や近さで動物を見ることができて楽しい。

(H) このような工夫は全て毎日動物の世話をしている人たちが考え出したものだそうだ。一部の動物だけでなく、約150種類800匹の動物すべてに実施されているというから驚きだ。また動物たちの状態を説明する絵や文も自分たちで用意したり、お客さんに動物の説明をしたり積極的だ。

全国の入場者が減って悩んでいる動物園が旭山を参考にして同じような行動展示をやり始めたのも不思議ではない。そのうち今までよりずっと楽しい動物園が全国に増えるだろう。

質問 ❶ (　　　)に入れるのに一番よい言葉を選びなさい。

1 花
2 種
3 実
4 葉

質問 ❷ 次の段落はどこに入れたらいいですか。

　動物園で私たちがよく見かけるのは、することもなく退屈そうに寝そべっている動物たちの姿だ。しかし旭山では違う。私たちが見たこともないような、動物本来の行動を見ることができる。

1 (B)と(C)の間
2 (C)と(D)の間
3 (D)と(E)の間
4 (G)と(H)の間

質問 ❸ 日本の動物園について述べているのはどれですか。

1 去年1年間で、旭山動物園の入場者は上野動物園を上回った。
2 全国で旭山動物園と同じ「行動展示」を始めることになった。
3 上野動物園は最も歴史がある有名な動物園だ。
4 どの動物園も入場者が減ってきていたが最近入場者が上向き始めた。

質問 ❹ 旭山動物園はどんな動物園ですか。

1 上野動物園より動物の種類も数も少なく、狭い動物園だ。
2 行動展示という動物の行動を見せるやり方で成功した。
3 動物の面白い行動を見せるための工夫がいろいろされている。
4 行動展示のおかげで入場者が少ない時期の2倍に増えた。

質問 **5**　「行動展示」について合っているのはどれですか。

1 動物にさわったり抱いたりできる。
2 直ぐ側で動物が見られる。
3 動物が教えられたことをする。
4 動物の自然な行動を見せる。

質問 **6**　多くの動物は行動展示でどう変わりましたか。

1 寝ることがなくなった。
2 世話をしてくれる人の言う通りに行動しなければならなくなった。
3 よく動くようになった。
4 餌を探さなければならないので疲れてしまった。

핵심 Point

- 독특한 운영 방식으로 인기를 모으고 있는 아사히야마 동물원의 다양한 아이디어를 소개하고 있다. 어떤 메시지를 전달하기보다 일종의 뉴스거리를 평이하게 서술하고 있다. 객관적 사실을 위주로 문장을 파악해 간다.
- 부사 「また」는 「もう一度(다시 한번)」, 「同じように(그와 같이)」, 「その上(게다가)」 등 다양한 의미를 가진다.

- □ **珍しい** めずら 드물다, 희한하다, 진귀하다
- □ **引き出す** ひ だ 끄집어내다, 꺼내다, 끌어내다
- □ **渡る** わた 건너다
- □ **もぐもぐ** 우물우물, 꿈틀꿈틀
- □ **裏側** うらがわ 뒷면
- □ **拾い集める** ひろ あつ 주워 모으다
- □ **アザラシ** 바다표범
- □ **猛獣** もうじゅう 맹수
- □ **真下** ました 바로 아래, 바로 밑
- □ **空洞** くうどう 굴, 동굴
- □ **退屈** たいくつ 따분함, 재미없음, 심심함
- □ **寝そべる** ね 엎드려 눕다

06

(A) 地球で人の手が触れていない林は文明が始まったとされる8000年前と比べて８割が消滅してしまったとされています。今でも熱帯林では、毎年1420万ヘクタールもの林が減少しているそうです。この面積は日本本州の約３分の２ほどに相当し、また10秒ごとに東京ドーム１個分の森林がなくなる計算となります。原因は畑を作るために焼いたり食事の用意をするために使ったり、建築や紙の材料などに使用したりすることです。人間の活動が森林に影響しているのです。そのほか最近は酸性雨による被害も大きくなりました。

(B) 森林がなくなると自然環境が悪くなります。木がなければ栄養のある土も雨と一緒に流されてしまいます。雨がすぐ川に流れ込むので、川の水があふれる恐れがあります。森林に降った雨は土の中に蓄えられるので、雨が降らなくても川の水がなくなることがありません。それに森林がないと、空気中の水分が不足するので雨が降りにくくなります。そして雨が降らないと、(　　　　　　　　)。やがて砂漠になってしまいます。このくり返しです。

(C) また、森林の木は光が当たると、空気の中の二酸化炭素(CO_2)を吸収し酸素(O_2)を出して地球を守っています。二酸化炭素の増加は地球温暖化の原因になります。熱帯の森林には地球上の生物の３分の２以上の種類が生きていると言われています。森林が失われるとこれらの生物も生きていけません。

(D) 年々減り続ける森林を守るため、いろいろな事業が始まっていますが、そこに住む人たちの生活も考えなければなりません。砂漠化を防ぐために木を植えるそばから、その木が切られて食べ物を煮たり焼いたりするのに使われてしまうという話をよく聞きます。また貧しい人たちが生活のために木を切って売るのを止めさせるのも難しいことです。

(E) 例えば紙を作る原料として、世界の木材の40％を使用していますが、中国では、紙の80％を木材以外の原料で作っています。木材の代わりに様々な材料を利用することができるのです。

(F) 木材関係の世界貿易は年間1000億ドル以上になり、それが急速に増えているそうです。❶最近25年間で世界の紙の消費量は３倍になりました。またこれから15年間で紙の需要は❷さらに倍近くになることが予想されています。紙の消費を減らす努力をしなければなりません。

(G) 建築材料も再利用すればかなり消費を減らすことができます。日本では木の建築物が多いですが、30年程度で壊してしまえば木の消費は増えてしまいます。昔の家のように100年ぐらいは住みたいものです。それが無理なら家を壊す時も、木材をゴミにしないように、再利用する必要があります。

質問 ❶　(　　　　　)に入れるのに一番よい言葉を選びなさい。

1 ますます土地が乾いて植物が育ちません
2 どんどん空中の水分が減って木が育ちません
3 ますます土中の水分が乾いて植物が育てられません
4 どんどん土中の水分が減って木が育てられません

質問 ❷　この文章の段落で順番が変わっているのはどれですか。

1 (B)と(C)
2 (D)と(E)
3 (E)と(F)
4 (F)と(G)

質問 ❸　森林が減る大きい原因は何ですか。

1 昔から酸性雨(さんせいう)の被害が大きいから
2 人間が森の中で生活することを止めないから
3 人間の活動の全てが森林が減ることに関係があるから
4 農業のために焼くだけでなく木の使用が増えているから

質問 ❹　森林が減るとどんな影響が出ますか。

1 紙を木から作ることができなくなる。
2 地球の３分の２以上の生物が生きていけなくなる。
3 雨が降った時川の水があふれるし、雨自体が降りにくくなる。
4 農業にいい土地がなくなって、焼いて畑を作らなければならない。

質問 **5**　**森林を守るためにどうしたらいいですか。**

1　切った木の年齢と同じ年数の木を使用させる。
2　中国のように、紙の原料に木材を使用することを禁止する。
3　生活のために木を切るのを止めさせる。
4　紙の原料を木材以外のもので使用したりする。

質問 **6**　**この文章の最後に続ける文としてよいのはどれですか。**

1　お金が多少かかっても、森林を守ることができます。
2　お金をかければ、森林を守るのに役に立つことができます。
3　お金がかかっても再利用すれば、森林を守る役にたちます。
4　お金をかけて再利用すれば、森林が減るのを少し遅らせることができます。

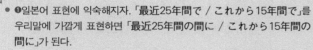

핵심 Point

- ❶일본어 표현에 익숙해지자. 「最近25年間で / これから15年間で」를 우리말에 가깝게 표현하면 「最近25年間の間に / これから15年間の間に」가 된다.
- ❷「さらに」는 '상황이 더 진전되어 ~정도의 수준까지 될 것이다'라는 의미이다. '종이의 수요는 더 늘어서'정도로 해석하면 이해하기 쉽다.

□ **ヘクタール** 헥타르(면적의 단위)
□ **防**ふせ**ぐ** 막다, 방지하다
□ **植**う**える** 심다
□ **煮**に**る** 삶다, 끓이다
□ **畑**はたけ 밭
□ **流**なが**れ込**こ**む** 흘러들어가다
□ **あふれる** 흘러넘치다
□ **蓄**たくわ**える** 저장하다, 대비해 두다
□ **やがて** 이윽고, 드디어, 머지않아
□ **二酸化炭素**にさんかたんそ 이산화탄소

07

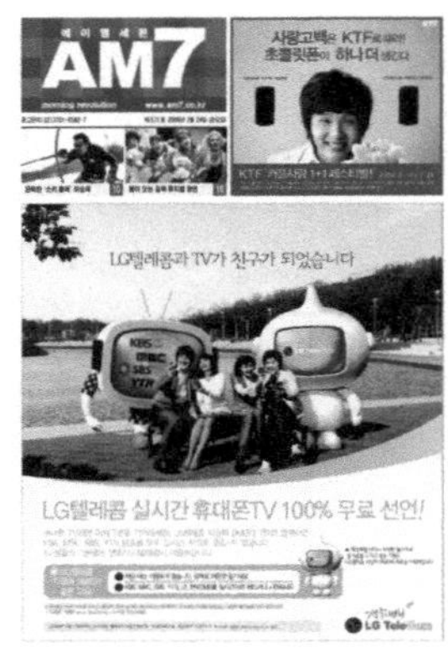

(A) 1995年、スウェーデンで毎日発行される無料の新聞「メトロ」が生まれた。それ以降、メトロはヨーロッパの主要(しゅよう)都市に急速に広まり、現在では、ヨーロッパ、アメリカ、韓国、中国などでも発行されている。またメトロの成功に刺激され、あるいはそれと競争するためにほかのフリーペーパーがつぎつぎと発行されている。

(B) そのため有料新聞が数を減らしている。特徴がある新聞はまだいいが、フリーペーパーと内容がさほど変わらない新聞ほど苦しい。韓国では有料新聞の売り上げが大変減り、駅の新聞販売店、新聞配達など新聞関係のすべてに影響が出ているそうだ。

(C) フリーペーパーの発行数が伸びているのはもちろん無料であることが最大の理由だろう。そのほか、駅に積(つ)まれているので手に取りやすい、小さいので電車の中でも読みやすく、持ち運びも便利だということが上げられる。そして何よりも大切なことはその内容だ。フリーペーパーと(　①　)、❶本格的な新聞と何ら変わらない。毎日、国際ニュース、国内ニュースと❷一通りのっているのでわざわざお金を出して新聞を買う必要がないのだ。

(D) フリーペーパーが登場した時、新聞関係者は様々な行動に出た。パリではフリーペーパーを川に投げ捨てる事件が起きた。アメリカでは新聞社自身によるフリーペーパーの発行が始まった。さらには有料新聞がフリーペーパーに変わってしまった例さえある。

(E) しかし今のところ日本はこの世界の流れから外れている。フリーペーパーは日本にもあるが、ほとんどが週に一回の発行だ。内容も地域の情報にとどまり、広告が多い。駅で配(くば)っているが地域情報、特に飲食店の

「割引券」がほしい人が受け取っているようだ。

(F) しかし日本のフリーペーパーも(　②　)他の国と同じような傾向になっていくのではないだろうか。

質問 ❶　(①)に入れるのに一番よい言葉を選びなさい。

1 言って
2 言っても
3 言えば
4 言いながら

質問 ❷　(②)に入れるのに一番よい言葉を選びなさい。

1 いずれが
2 いずれか
3 いずれも
4 いずれは

質問 ❸　次の段落はどこに入れたらいいですか。

若者が新聞を読まなくなってきているのは世界的な傾向だ。フリーペーパーが若者の新聞離れを防いでいるという見方もある。読む人の70%が20代から40代だ。これからもフリーペーパーが広がる傾向は変わらないと見られている。インターネット時代を迎え、ニュースは無料だというのが時代の流れなのだろうか。

1 (B)と(C)の間
2 (C)と(D)の間
3 (D)と(E)の間
4 (E)と(F)の間

質問 4　**海外でフリーペーパーが伸びている理由はどれですか。**

1 一般紙を無料にしたものだから
2 有料だから
3 どこにもあるので手に入れやすいから
4 電車の中で読みやすい大きさだから

質問 5　**海外と日本のフリーペーパーの違いは何ですか。**

1 海外は毎日発行されるが日本では週に２回しか発行されない。
2 海外は日本ほど店の割引券がついていない。
3 海外はいわゆる新聞だが日本は情報誌だ。
4 海外は全てのニュースがのっているが、日本は国内のニュースだけだ。

質問 6　**フリーペーパーはどんな影響を与えましたか。**

1 フリーペーパーがニュースは無料だという考えを広めた。
2 有料新聞が売れなくなるなど悪い影響ばかり与えている。
3 無料新聞を出すようになった有料新聞社も出てきた。
4 国によっては有料新聞がなくなってしまった。

핵심 Point

- 「本格的な新聞」, 「一通りのっている」와 같이, 우리말과 일대일 대응하지 않는 표현에 주의한다.
- ❶「本格的な新聞」은 무료 신문에 대비되는 표현이다.
- ❷「一通り」는 어떤 범위나 묶음을 처음부터 끝까지 전부 살핀다는 뜻으로, 이 글에서는 국내외 뉴스가 두루두루 모두 실려 있음을 말한다.

Words

- □ **配くばる** 나누어 주다, 배포하다
- □ **さほど** 그리, 별로, 그다지
- □ **積つまれる** 쌓이다
- □ **のる** (신문이나 잡지에) 실리다
- □ **投なげ捨すてる** 던져 버리다
- □ **流ながれ** 흐름
- □ **外はずれる** 벗어나다, 동떨어지다
- □ **とどまる** 머물다

08

日本の最近50年間の地震の数を平均すると、１年間でマグニチュード８が0.06件、７が１件、６が10件、５が73件、４が284件になるそうだ。毎日のように日本のどこかで地震が起きていることになる。だから日本人は少々の揺れでは驚かない。

(A) しかし地震のない国から日本に来て初めて地震を経験すると、❶ほとんどの人が驚いて外へ逃げ出そうとする。これは危ない。大きな地震の場合、上から何が落ちてくるか分からないから、家の中のほうが安全だと言われている。①あまりに古い家だとそうもいかないだろうが。

(B) もし外にいた場合、窓ガラスが落ちてくる可能性が高いので、ビルの近くは一番危ない。部屋にいた場合は、丈夫なテーブルやつくえの下などのところが安全だ。また地震の時はまず火を消すようにと子供の時から言われているが、小さな地震ならともかく、大地震の時は自分が倒れないようにするだけでも精一杯だ。火を止めようとしてかえって火傷やケガをすることもあるから無理をしてはいけない。次に大切なのは、マンションなどではドアを開けることだ。地震でドアの形が変わって開かなくなる恐れがあるからだ。

(C) 例えば大きな家具は倒れないように止めておく。水や食料は2～3日分を用意しておく。逃げる場所が地域で決められているから、確認しておくことも大切だ。❷電話もつながらなくなることがあるから、前もって決めておいた方がいい。

(D) ある調査によると、②思いもかけなかった品物が役に立つようだ。１位はカセットこんろ、２位懐中電灯、３位ラジオ、４位水、５位保存食となっている。ここまではほとんどの人が思いつく。しかしラップ、カイロ、ポリ袋(ぶくろ)、ウェットティッシュなどはなかなか考えつかない。

(E) ラップを何に使うのかと言えば、水が少ないので食器が洗えないから、皿や茶碗の上にしいてその上に食べ物をのせて食べるのだそうだ。❸風呂に入れないから、ウェットティッシュは体をふくのに役に立つ。カイロは冬には必要だ。ポリ袋(ぶくろ)は水を運ぶのに使う。バケツに入れるにしてもポリ袋(ぶくろ)に入れて上を縛(しば)ると水がこぼれない。実際に大地震を経験した人たちの意見であるだけに貴重な情報だ。

しかしつねに③<u>地震に備えている人は思ったより少ない</u>。大地震の直後だけは意識が高まるが、しばらくすると忘れてしまう。地震が起きた時あわてないようにしたいものだ。

質問 ❶ 次の段落はどこに入れたらいいですか。

　大地震が起きるかもしれないと言われているが、言われた時は気にするがしばらくすると忘れてしまいがちだ。しかしいつ起きるかわからないからこそ、いろいろ準備しなければならない。

1　(A)の後ろ
2　(B)の後ろ
3　(C)の後ろ
4　(E)の後ろ

質問 ❷ 日本人が少々の揺れでは驚かないのはなぜですか。

1　毎日地震を感じているから
2　大きい地震は年に１回しか来ないことを知っているから
3　地震の怖さを知らないから
4　小さい揺れは大丈夫だと知っているから

質問 ❸ ①「あまりに古い家だとそうもいかないだろう」とありますが、どういう意味ですか。

1　古い家には住まないほうがいいだろう。
2　古い家の場合は外に逃げたほうがいいだろう。
3　家は古いと壊れるだろう。
4　古い家の中でも安全な確率は高いだろう。

質問 **4** ②「思いもかけなかった品物」とは何ですか。

1 カセットコンロ
2 懐中電灯
3 ラジオ
4 ラップ

質問 **5** 調査で述べていないことは何ですか。

1 ラップが食器の代わりに使える。
2 寒さを防ぐ物も用意したほうがいい。
3 ポリ袋が役に立つ。
4 経験者の意見は貴重だ。

質問 **6** ③「地震に備えている人は思ったより少ない」とあるが、なぜですか。

1 大地震の後、しばらくすると地震は来ないと思うから
2 大地震が起きたことを忘れてしまうから
3 大地震が起きるかもしれないことを忘れてしまうから
4 大地震の後、大地震が来ることはないだろうと思うから

Point 핵심

- ❶「ほとんどの人が驚いて外へ逃げ出そうとする。これは危ない。」이 두 문장 사이에는「しかし(그러나)」,「けれども(하지만)」와 같은 역접의 접속사가 생략되어 있다.
- ❷「電話もつながらなくなることがあるから前もって決めておく」는「決めておく」앞에「逃げる場所」가 생략되었다.
- ❸「風呂に入れない」앞에는「それから(그리고)」「そして(그래서)」등의 접속사가 숨어 있다. 이렇게 숨은 단어를 찾아서 해석하면 문장이 훨씬 명확해진다.

Words

- □ **倒**たお**れる** 넘어지다, 쓰러지다
- □ **ケガ** 상처
- □ **火傷**やけど 화상
- □ **揺**ゆ**れ** 흔들림, 요동침
- □ **柱**はしら 기둥
- □ **かえって** 오히려
- □ **収**おさ**まる** 수습되다
- □ **前**まえ**もって** 사전에, 미리
- □ **縛**しば**る** 묶다
- □ **こぼれる** 넘치다
- □ **備**そな**える** 대비하다, 갖추다, 구비하다
- □ **あわてる** 허둥대다, 당황하다

09

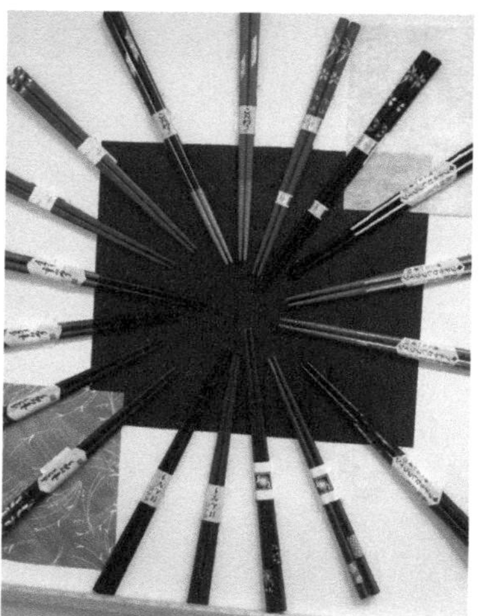

国に(　①　)食事のマナーが違うことがあります。韓国では茶碗を手に持って食べると行儀が悪いと言われますが、日本では反対に持たないと行儀が悪いと言われてしまいます。また、日本人はそば、うどん、ラーメンなどの麺を食べる時に音をたてます。それは日本人に(　②　)はとてもおいしい音なのですが、食事中、音をたてないようにと教育された国の人にはぞっとするほど嫌な音でしょう。ですからその習慣を知ることはお互いの理解のために大切なことだと思います。だからといって全く日本人と同じようにする必要はありません。食べ方が分からない時は聞くのが一番です。お店の人も喜んで教えてくれるでしょう。

日本食の基本的な食べ方は「出てきた通りにして返す」です。ですからふたがしてある入れ物は、食べ終わったら出てきた時と同じようにふたをします。これはお茶を飲む時も同じです。また行儀の悪い箸の使い方というのがあります。

1 さぐり箸	食器の中の物を探して食べること。特にすき焼きやなべ物を食べる時に気をつける。
2 さし箸	❶食べ物に箸をさすこと。人が死んだ時にご飯に箸をさす習慣がある。食べ物が大きければ小さく切って食べる。
3 涙箸	しょう油や汁を箸の先からポタポタ落とすこと。
4 ずぼら箸	片手で箸と茶碗などを同時に持つこと。箸や入れ物を落として割ったりする危険がある。

5 渡し箸	❷箸を食器の上に渡しておくこと。食事は終わったという意味になるので箸は箸置きに置く。箸置きがない時箸袋で箸置きを作る人も多い。
6 くわえ箸	箸を口に入れたまま手で食器を持つこと。見た目も悪い。
7 寄せ箸	食器を箸で動かすこと。
8 迷い箸	どれを食べようかと箸を料理の上であちこち動かすこと。
9 変わり箸	一度 ❸箸で挟んだのに、気が変わって止めてしまうこと。
10 ねぶり箸	箸についた食べ物を口で取ること。
11 箸移し	2人で箸から箸へと料理を渡すこと。人が死んだ時2人で箸で骨を持つので、普段の食事で最も嫌われる箸の使い方。
12 犬食い	犬のように置いた入れ物に口を持っていって食べる。

このほか、日本人は自分の箸が触った食べ物を他の人に食べさせるのは失礼だと考えます。それで、みんなで食べる物を自分の箸で取る時は使っていない反対側を使う人が多いです。また箸の使い方のほかに口に食べ物をたくさん入れたまま話しをしないとか食事のマナーはいろいろあります。マナーを守ることはいっしょに食事をする人に対する思いやりでもあります。しかしマナーを守ろうと頑張りすぎて味が分からなくなってもつまりません。楽しい会話をしながら、ちょっとしたマナー違反は温かい気持ちで受け入れる心も大切なのではないでしょうか。

質問 ❶　(①)と(②)には何を入れたらいいですか。

1 ① とって　② よって
2 ① よって　② とって
3 ① よって　② たいして
4 ① たいして　② ついて

質問 ❷　次の説明はどの箸使(はしづか)いですか。

すき焼き、なべ物などみんなで1つの入れ物の食べ物を食べる時にすると、両方とも直接食べ物に箸が触りますから、最も嫌がられます。

1 渡し箸
2 さぐり箸と涙箸
3 涙箸
4 さぐり箸と変わり箸

質問 ❸　次の絵と説明が違っているのはどれですか。

1

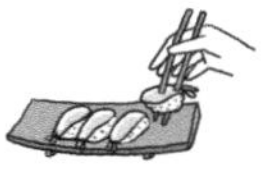

さし箸

2

寄せ箸

3

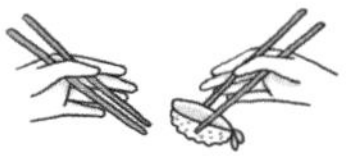

渡し箸

4

涙箸

質問 **4** **食事のマナーについて何と言っていますか。**

1 マナーは守らなくても全然問題ない。

2 マナーを守ると食事の味が分からなくなる。

3 マナーがよくても会話が進まないのはよくない。

4 マナーを知っていれば守らなくても十分だ。

質問 **5** **食事のマナーの違いについて何と言っていますか。**

1 韓国と日本はマナーが反対である。

2 国が違うとマナーが違うことがあることを知っていたほうがいい。

3 どこの国にも共通するマナーは存在しない。

4 マナーの違いがあったら、今いる国のマナーを守るべきだ。

質問 **6** **「その習慣を知ることはお互いの理解のために大切なことだ」とありますが、なぜですか。**

1 日本の習慣を知っていれば麺を食べる音がおいしい音に聞こえるから

2 茶碗を持たない韓国人を見ても、行儀が悪いが仕方がないと思うから

3 相手と同じようにすることができるから

4 茶碗を持たない韓国人を見てもその行動が当然だと分かるから

핵심 Point

- 젓가락질을 설명하는 부분에서 ❶「食べ物に箸をさす」❷「箸を食器の上に渡しておく」❸「箸で挟む」 등의 문장은 문제를 푸는 결정적인 힌트가 되므로 눈여겨 봐야 한다. '젓가락을 음식에 꽂아 두다', '식기 위에 걸쳐서 올려놓다', '젓가락으로 집다'라는 의미로 해석된다.

- □ **行儀**ぎょうぎ 예절, 예의범절
- □ **ふた** 뚜껑
- □ **ポタポタ** 뚝뚝, 뚝뚝 (물방울 따위가 떨어지는 모양)
- □ **ずぼら** 하는 짓이 아무지지 못함, 흐리터분함
- □ **くわえる** 입에 물다
- □ **寄**よ**せる** 옆으로 바짝 대다
- □ **迷**まよ**う** 헤매다, 갈팡질팡하다
- □ **ねぶる** 핥다, 빨다

10

現在日本では結婚しない人が増えています。1970～2000年の間に、20代後半の女性で結婚していない人の割合は18％から54％へと３倍に増え、とうとう半分以上が結婚していない状態になりました。また30代後半の女性でも14％が結婚していないそうです。

政府の調査によると、未婚者の４人に１人が「結婚するつもりはない」、将来も「結婚するつもりはない」と回答したそうです。そして、結婚しない理由は「適当な相手にめぐり合わないから」が約６割と圧倒的に多く、その次は「自由や気楽さを失いたくない」、「結婚後の生活資金不足」と続いています。男女の違いが表れるのは３位においてで、男性では「結婚資金、結婚後の生活資金の不足」と経済的な理由を挙げているのに対し、女性では「自由や気楽さを失いたくない」と生活スタイルを理由としていました。

特に東京の中心に住む30代の女性は半分以上が独身だそうです。代表的な彼女たちの意見を紹介します。

Ａさん　独身主義というわけではないんですが、仕事が面白いし、去年マンションも買ったし、自由に暮らせる今の生活を失いたくありません。部屋を自分の趣味で飾っているんですが、そこでのんびりコーヒーを飲んだりしていると本当に幸せな気分になれます。だから結婚して今より貧しい生活はしたくないんです。

Ｂさん　好きなこともできないで家族のためだけに生きている自分の母親の生活を見ていたら、結婚したい気持ちがなくなりました。子供を育てるより語学を生かして世界中を飛び回る今の仕事を続けたいですね。まあ、こんな生活が続けられるなら結婚してもいいと思うけど。

Cさん　25日になったら急に価値が低くなってしまうクリスマスケーキに例えられて、女性は24歳までに結婚した方がいいと言われた時代もあったらしいですが、最近はあまりいわなくなりましたね。うちの両親もいい人がいないなら無理に結婚することはないと言っています。結婚してすぐ離婚する人もいるし、変な人と結婚したらもっと大変ですから。そのうちいい人がいたら結婚すると思うけど、しばらくは今の生活を楽しみたいですね。

Dさん　仕事に夢中になっているうちにこんな年になってしまいました。今から結婚して家庭に入って子供を産む生活をするには遅すぎる気がします。経済的には十分なんですが、病気になった時などのことを考えるとやっぱり不安ですね。

Eさん　両親が離婚している❶こともあって、子供のころから結婚したいとは思いませんでしたね。マンションの借金もありますし、生活のために仕事もずっと続けていきますよ。

Fさん　結婚した友達の生活を見ていると独身のころの輝きが失われて、本当に生活に疲れているように見えます。子供はかわいいと思いますが、自分の生活がまるでないなんて私には考えられません。みんなお付き合いの暇もお金もないんです。私、貧しい生活は嫌なんです。一生このままの生活を続けるつもりですよ。

質問 ❶ **政府の調査から分かることは何ですか。**

1 結婚の必要性
2 経済力と結婚の関係
3 結婚するために必要なもの
4 日本の未婚者(みこんしゃ)が結婚しない理由

質問 ❷ **日本の結婚事情について述べているのはどれですか。**

1 30年間結婚しない女性の割合が3倍に増えた。
2 東京の中心では30代の独身女性の割合が5割を超えている。
3 30代後半の女性の14%が結婚する気持ちがない。
4 日本の結婚しない人の割合はだんだん下がり続く。

質問 ❸ **この文章の内容と合っているものは何ですか。**

1 働いていない女性は結婚している。
2 お金持ちの男性は結婚しない。
3 結婚しなくてもいいと思っている女性が増えている。
4 結婚していない人の方が仕事の能力が高い。

質問 ❹ **結婚で自由がなくなると言っている人は誰ですか。**

1 AさんとEさん
2 AさんとBさん
3 BさんとFさん
4 AさんとBさんとFさん

質問 **5**　**独身主義の人は誰ですか。**

1　Eさん
2　DさんとEさん
3　EさんとFさん
4　DさんとEさんとFさん

質問 **6**　**結婚で生活水準が下がると思っている人は誰ですか。**

1　AさんとBさん
2　BさんとFさん
3　AさんとFさん
4　AさんとBさんとFさん

- 제시된 사례 속에서 인터뷰 내용의 흐름을 파악해야 한다. 전체적으로 결혼에 대해 긍정적인가 부정적인가, 또 그 이유는 무엇인가를 잘 파악한다.
- ❶~こともある (어떤 요인 중의 하나에) ~도 있다

- □ **気楽**きらく 마음 편함
- □ **まるで** 완전히, 전혀, 마치
- □ **失**うし**なう** 잃다
- □ **飾**かざ**る** 장식하다, 꾸미다
- □ **のんびり** 느긋하게, 여유롭게
- □ **飛**と**び回**まわ**る** (여기저기) 날아다니다
- □ **例**たと**える** 비유하다, 예를 들다
- □ **そのうち** 머지않아, 조만간

MEMO

NEW

うきうき 일본어독해 중급

우 키 우 키

정답 및 해설

PART 1

|정답| 01 4　02 3　03 1　04 1　05 3　06 1　07 1　08 1　09 3　10 2

01

'오타쿠라는 말은 원래 1980년대 일부 애니메이션, SF 팬 사이에서 사용되었다. 그것이 퍼져서, 일본에서 '오타쿠'라고 하면 애니메이션뿐 아니라 '좋아하는 것만 하는 성격이 어두운 사람'이라는 어두운 이미지로 사용하게 되었다. "저 녀석 오타쿠야."라고 말하면 조금 바보 취급하는 것 같은 느낌이었다. 그런데 외국에서는 1990년대 중후반부터 일종의 존경의 의미를 담아서 '오타쿠(Otaku)'가 사용된다. 애니메이션 등의 일본 문화 애호가를 의미하여, 스스로 오타쿠라고 (나서서) 소개하는 사람까지 생겼다. 최근에는 일본에서도 점점 마이너스 이미지가 약해져서, 뭔가 취미에 까다로운 인물이라는 의미로 사용되는 사례가 늘고 있다.

질문 (　　　) 에 들어갈 가장 적당한 말을 고르세요.

1 잘못된 표현
2 부끄러움을 타는
3 자신만만하게
4 나서서

|해설|
❶ マイナスイメージ 부정적 이미지
❷ ～と言いえば ～라고 하면
❸ ばかにする 무시하다, 바보 취급하다
❹ そんなわけだから 그러므로, 그런 이유로, 사정이 그러하기 때문에
★「わけ」의 쓰임
① わけのわからないことを言う 영문 모를 소리를 하다 … 의미 · 뜻
② どういうわけですか 어떻게 된 겁니까 … 사정 · 이유 · 까닭
③ わけありの女おんな 사연이 있는 여자 … 사정 · 연유 · 사연
❺ 気きがする 느낌이 들다, 기분이 들다

02

최근 건강 붐과 함께 미용식, 건강식이 주목받고 있다. '마고와야사시이(孫は優しい)'라고 불리는 음식을 먹자는 이야기가 나온 것도 그 중 하나다. 「マ」는 マメ(콩)으로, 된장 등의 식품도 이에 포함된다. 「ゴ」는 참깨류. 「ワ」는 미역류. 「ヤ」는 야채. 「サ」는 생선. 「シ」는 표고버섯 등의 버섯류. 「イ」는 감자, 고구마 등의 종류이다.

즉 '마고와야사시이'는 일본 음식인 것이다. 일본 음식은 저지방으로, 에너지원인 탄수화물

과 그 대사에 필요한 비타민, 미네랄 등이 잔뜩 포함되어 있다. 미용식이라고도 하는 일본 음식. 해외에서도 일식 레스토랑이 해마다 늘어나 최근 5년간 3배 이상 늘어났다고 한다. 우리들도 일본 음식을 재인식하고, '마고와야사시이'를 먹고 건강해지자.

질문 **일본 음식은 왜 인기가 있습니까?**

1 일본의 전통적인 음식이라서
2 된장국이 인기있어서
3 저지방에 건강에 좋아서
4 최근 5년간 3배 이상 늘어서

|해설| ❶ ~に伴ともない ~에 동반하여

03

일본은 온천 대국이다. 어디에 가도 온천이 있다. 일본 도쿄에서는 1500미터 이상 파면 어디서나 온천이 솟아난다고 한다. 예로부터 이어져 온 온천뿐 아니라, 최근에는 오락시설이 있는 새로운 타입의 '온천'이 손님을 모으고 있다. 예를 들면 오다이바의 '오에도온센모노가타리', 도쿄돔의 '스파 라쿠아' 등, 그야말로 도심 속의 온천이다. 그러나 유행에 편승해서 너무나도 많은 온천을 만들었기 때문에, 온천수의 양이 감소하고 있는데다, 도심에서는 가스가 유출되어 폭발 사고까지 일어나고 있다. 온천은 자연의 은혜이다. 자기 자신만을 위해서 남용한다면 돌이킬 수 없는 일이 생길지도 모른다.

질문 **이 글의 내용과 맞는 것은 무엇입니까?**

1 도쿄는 어디든지 온천이 나온다.
2 오다이바의 온천은 인기가 없다.
3 최근 온천은 가스로 만들어서 자주 폭발 사고가 난다.
4 도회지의 온천은 물이 적다.

|해설| ❶ 取とり返かえしのつかない 돌이킬 수 없다
❷ ブームに乗のる 유행에 편승하다
❸ 自然しぜんの恵めぐみ 자연의 은혜

04

영화와 연극은 전혀 다른 것이라는 상식을 깨고, '극시네마'라는 새로운 분야가 탄생했다. 극시네마가 시작된 2004년 당시에는 겨우 10곳에도 미치지 않던 디지털 시네마가 2009년에는 300스크린 이상 늘었다. '극시네마'라는 것은 극장의 '극(劇)'과, 영화를 의미하는 '시네마'에서 만들어진 말이다. 무대를 여러 방향에서 촬영하여 자르거나 붙여 재구성한 것은, 좌석에서 한 방향으로 보는 연극과는 전혀 다른 감각의 것이다. 그것을 영화처럼 비춰서 본다. 영화이지만 영화가 아니다. 연극이지만 연극이 아니다. '극시네마'는 촬영한 날에 실수를 하더라도 영화처럼 재촬영하는 일은 없다. 수정할 수 없다는 점은 배우에게 있어 괴로운 일이지만, 극장 관객들의 모습이 그대로 전달된다는 것이나 배우들의 눈빛이나 표정까지 볼 수 있다는 리얼한 매력이 있다.

질문 **극시네마의 재미는 무엇입니까?**

1 배우의 눈빛이나 표정까지 볼 수 있다.
2 실수를 볼 수 있다.
3 완전히 똑같은 것을 몇 번이고 볼 수 있다.
4 촬영을 다시 하지 않는다.

|해설| ❶ **常識**じょうしき**を破**やぶ**る** 상식을 깨다
❷ ~であって …でない ~이면서 (동시에) …이 아니다
❸ 동사의 ます형+なおす 고쳐서 다시 ~하다
• **書**か**きなおす** 고쳐서 다시 쓰다 • **やりなおす** (처음부터) 다시 하다 • **考**かんが**えなおす** 다시 생각하다
❹「~から」는 여러 가지 의미로 사용된다.

① ~에서 (출발 위치 · 동작의 기점)
② ~으로부터 (경유 · 경로)
③ ~부터 (시간상의 시초)
④ ~부터 (차례 · 범위)
⑤ ~으로 (재료)
⑥ ~이므로 (이유 · 원인 · 근거)

05

어느 가을의 일이었다. 오랜만에 친구 다카하시에게서 전화가 걸려왔다. "잘 지내?", "그럭저럭.", "요즘은 뭐해?" 라는 대화가 오고 간 후 가끔은 만나자는 얘기가 나왔다. 그와는 자원봉사 서클에서 알게 되어 지금까지 계속 연락하며 지낸다. 그때는 항상 셋이서 같이 행동했었기 때문에 "그럼, 가와다 씨의 형편이 어떤지 물어보고 전화할게."라고 말하고 나는 전화를 끊었다. 가와다 씨에게 전화했더니 일정이 맞지 않는 듯 해서 "그럼, 한가해지면 연락해." 하고는 나 자신도 약속에 대해 잊어버리고 말았다.

그런데 12월에 그의 부인에게서 부고 엽서가 도착했다. 엽서에는 그의 죽음을 알리는 내용이 적혀 있었다. 나는 너무 놀랐다. 바로 그의 부인을 만나러 갔다. 그가 죽은 것은 나와 전화 통화를 하고 얼마 지나지 않아서의 일이었다고 한다. 전화할 때는 잠깐 집에 와 있었던 것이다. 그렇게 밝게 웃으며 이야기했었는데…. 병에 관한 이야기는 한마디도 하지 않고 세상 사는 이야기들을 했던 것이다. 나는 그 이야기를 들으면서 그 자리에서 도망치고 싶어졌다.

질문 **'도망치고 싶어졌다'라고 했는데, 어째서입니까?**

1 그가 죽은 사실을 몰라서 장례식에 참석하지 않았기 때문에
2 병에 걸린 것을 몰라서 그의 병문안을 못 갔기 때문에
3 약속을 잊어버려서 그를 만나지 못했기 때문에
4 전화를 받았을 때 그의 병을 알아차리지 못했기 때문에

|해설|
❶ **電話(でんわ)がかかってくる** 전화가 걸려 오다
❷ **電話(でんわ)を切(き)る** 전화를 끊다
❸ **暇(ひま)になる** 짬이 생기다, 한가해지다
우리말 표현에 손님이 없어 장사가 잘 안 될 때 '파리 날린다'는 재미있는 표현을 쓴다. 이 말을 일본어로는 어떻게 표현할까? 어렵게 생각하지 말고 그냥 「店(みせ)がひまだ」라고 하면 된다.
❹ **喪中(もちゅう)のはがき** 상중임을 알리는 엽서, 부고 엽서
❺ **~て間(ま)もなく** ~한 지 얼마 되지 않아, ~하고 오래지 않아

복지차란 장애인이나 나이든 사람이 이용하기 쉽도록 고안된 차다. 요즘 이런 차들이 일반 가정에도 팔리게 되어, 상당히 잘 팔리고 있는 모양이다. 자동차 회사는 처음에 복지차 판매에 열성적이지 않았지만, 복지차를 원하는 사람들이 늘면서 방침을 바꾸었다. 복지차의 종류도 늘어서 휠체어에 앉은 채로 탈 수 있는 차나 앞좌석이 90도로 돌아서 (타고 내리기) 쉽게 만들어진 차도 있다. 그래서 누구나 쉽게 이용할 수 있다. 가격은 일반차보다 비싸지만 소비세를 내지 않아도 되는 모델도 있다고 한다. 복지차에 타는 사람은 앞으로도 늘어날 것이다.

 **(　　　)에 들어갈 가장 적당한 말을 고르세요.**

1 타고 내리기
2 나가고 들어가기
3 눕거나 일어나기
4 열고 닫기

|해설| ❶ 年としをとる 나이를 먹다, 나이가 들다
❷ 동사의 ます형+やすい ~하기 쉽다, ~하기 편하다
동사의 ます형+にくい ~하기 어렵다, ~하기 불편하다
❸ ~に熱心ねっしんだ ~에 열심이다, ~에 열의를 쏟다
❹ 方針ほうしんを変かえる 방침을 바꾸다
❺ 税金ぜいきんを払はらう 세금을 내다

07

거울에 비치는 사물은 좌우가 반대로 됩니다. 그런데 '정영경(正映鏡)'이라고 하여 좌우가 반대로 비치지 않는 거울도 있습니다. 일반 거울에 비친 글자를 보면, 글자를 뒷면에서 읽는 것과 같아서 쉽게 읽을 수가 없습니다. 하지만 정영경 속의 글자는 우리가 보통 보는 글자와 똑같습니다. 만드는 법은 간단합니다. 먼저 두 장의 거울을 서로 마주보도록 90도로 세우고 거울의 전면에는 투명한 유리를, 밑에는 판자를 붙입니다. 그리고 그렇게 만들어진 상자 안에 물을 넣으면 완성입니다. 이것은 2001년에 일본의 발명가가 발명한 것인데, 거울의 상식을 깨는 뉴스로서 일본뿐 아니라 세계 100개국에서 방영되었다고 합니다.

질문 정영경에 관한 설명으로 알맞은 것은 무엇입니까?

1 정영경에 비친 글자는 보통 글자처럼 보입니다.
2 유리 두 장과 한 장의 거울을 사용하여 만듭니다.
3 정영경에 비치는 글자는 위아래가 반대로 보입니다.
4 거울과 유리의 크기는 전부 같습니다.

|해설| ❶ 鏡かがみに映うつる 거울에 비치다
❷ なかなか~ない 좀처럼 ~하지 않다, 쉽게 ~하지 않다
❸ 目めにする 보다
얼굴의 이목구비에 「する」를 접속하여 쓸 때가 있다.
・口くちにする 먹다 ・耳みみにする 듣다 ・手てにする 가지다, 들다
❹ ~を付つける ~을 부착하다, ~을 달다, ~을 붙이다

08

온천의 인기가 여전하지만, 몸에 좋은 물질을 내는 돌을 데워서 그 위에 눕는 암반욕이라는 것도 있다. 원적외선으로 몸이 따뜻해져, 땀이 많이 나는 효과가 있다. 암반욕은 온천과 똑같은 효과가 있는데다, 온천처럼 온도가 높지 않아서 온천보다 몸에 자극이나 해가 없다. 원래는 온천지에 있는 것이지만 최근에는 도심 빌딩 안에 생기게 되었다. 퇴근길에도 부담 없이 들를 수 있고, 요금도 온천에 가는 것과 비교하면 적당한 수준이어서 인기 있었던 것 같다. 그러나 위생 문제가 보도된 이후 갑자기 사람이 줄어서 지금은 목욕탕 안에 설치되는 사례가 늘고 있다.

질문 **암반욕에 대해 알맞은 것은 어느 것입니까?**

1 온천에 가는 것만큼 비싼 요금이 아니다.
2 온천과 같은 효과가 있지만 온천보다 인기가 없다.
3 가게는 도시의 빌딩에만 있다.
4 누워 있으면 몸의 열로 땀이 난다.

|해설| ❶ 体からだにいい 몸에 좋다(이롭다)

❷ 体からだに優やさしい 몸에 부드럽다(자극적이지 않다)
「優やさしい」는 '부드럽다, 자상하다, 상냥하다'등의 뜻이 있다. 「体からだに優やさしい」 즉, '몸에 부드럽다'는 것은 '크게 자극적이지 않고 몸에 해롭지 않다'는 의미이다.

❸ 横よこになる 눕다

❹ 体からだを温あたためる 몸을 따뜻하게 데우다

❺ 汗あせが出でる 땀이 나다

09

야마토 영화관 할인 서비스 정보

일반 성인 1,800엔
영화관 카드를 소지하신 분은 100엔 할인해 드립니다.

- 예매권 1,600엔
- 시간 할인(밤 10시부터) 1,000엔
- 장애인 할인(장애인) 1,000엔
- 실버 할인(60세 이상) 1,000엔
- 부부 50%할인(부부 중 한 명이 50세 이상일 때) 2,000엔
- 야마토데이(매월 1일) 1,000엔
  ※단, 1월 1일은 제외합니다.
- 레이디데이(매주 수요일, 여성 손님) 1,000엔
- 맨즈데이(매주 월요일, 남성 손님) 1,000엔
  ※서비스는 한 항목에 한해 유효합니다.

티켓의 가격으로 알맞은 것은 무엇입니까?

1 60세 노인이 영화 카드를 가지고 있다면 900엔이 됩니다.

2 수요일에 여성이 예매권으로 영화를 보면 1,000엔입니다.

3 남편이 60세인 부부가 수요일에 영화를 보면 2,000엔입니다.

4 60세 미만의 여성이 월요일에 영화를 보면 1,000엔입니다.

|해설| ❶ **夫婦**ふうふ**で2,000円**えん 부부가 함께 2,000엔

「~で」는 정도나 분량, 기한 등을 나타내는 단어에 접속하여 '~으로(서)'라는 뜻을 나타낸다.

- **全部**ぜんぶ**でいくらですか。** 다 합쳐서 얼마입니까?
- **みんなで話**はな**し合**あ**いましょう。** 다같이 이야기합시다.
- **ふたりで行**い**きました。** 둘이서 갔습니다.
- **明日**あした**で終**お**わります。** 내일이면 끝납니다.

❷ 명사+**に限**かぎ**り** ~에 한하여

동사의 기본형+**限**かぎ**り** ~하는 한

10

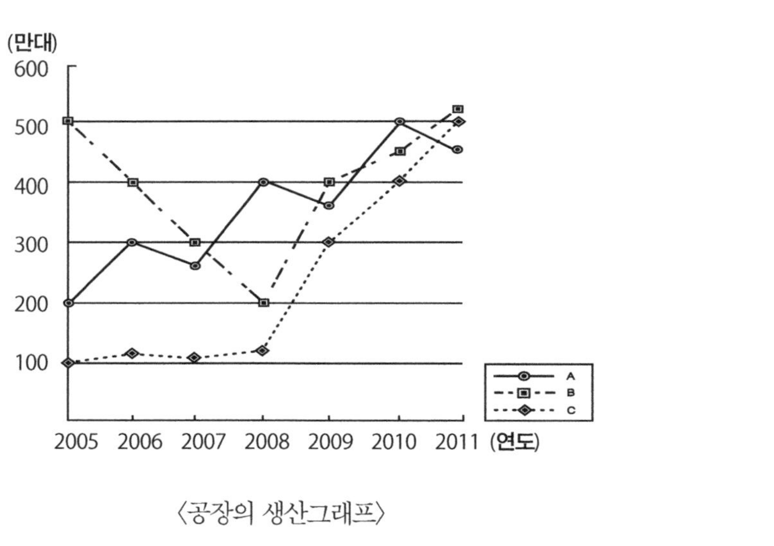

〈공장의 생산그래프〉

질문 **그래프에서 알 수 있는 것은 무엇입니까?**

1 제품C는 증감을 반복하면서 서서히 생산고를 늘리고 있다.

2 제품C는 계속 제품A나 제품B를 밑돌았으나, 2011년에 제품A를 웃돌았다.

3 제품A는 제품B, 제품C를 웃돈 적이 한 번밖에 없다.

4 2007년은 전제품 모두 최저의 생산고였다.

PART 2

정답									
01-1 3	**01-2** 4	**02-1** 1	**02-2** 2	**03-1** 4	**03-2** 4	**04-1** 2	**04-2** 1	**05-1** 2	**05-2** 4
06-1 1	**06-2** 3	**07-1** 4	**07-2** 4	**08-1** 2	**08-2** 2	**09-1** 4	**09-2** 2	**10-1** 1	**10-2** 3
11-1 4	**11-2** 3	**12-1** 4	**12-2** 1	**13-1** 1	**13-2** 4	**14-1** 1	**14-2** 2	**15-1** 4	**15-2** 1

01

한 장의 네모난 천으로 가늘고 긴 병이나 커다란 수박 등 어떤 형태의 물건도 쌀 수 있다. 쓰지 않을 때는 작게 접어서 간단히 들고 다닐 수도 있다. 그것이 일본에서 옛날부터 사용하고 있는 '후로시키'이다.

일본의 후로시키는 외국에 보내는 선물로 인기가 있고, 해외에서는 벽에 장식을 하거나 테이블 위에 깔거나 해서 사용하기도 한다. 종이나 비닐봉지와 달리 몇 번이고 사용할 수 있기 때문에 쓰레기를 줄이고 재사용하는 데 안성맞춤이다. '물건을 싸는' 본래의 사용법을 확산하기 위해 최근에 포장법을 가르치는 모임이 종종 열리고 있다. 더 나아가 새로운 사용법을 소개함으로써 후로시키를 더욱 매력 있는 것으로 바꾸고 있다.

예를 들면 후로시키로 만든 배낭. 두 장의 후로시키를 준비한다. 한 장은 처음에 삼각형으로 접는다. 그런 다음 그것을 4분의 1 폭으로 접어서 끈을 만든다. 나머지 한 장을 반으로 접어서 삼각형을 만든다. 삼각형의 꼭지 부분과 조금 전 만들어 둔 끈의 중심을 묶는다. 끈의 끝을 삼각형의 각각의 나머지 끝과 묶으면 완성. 제법 멋스러운 배낭이 된다.

質問 ❶ **후로시키에 관한 설명으로 알맞은 것은 무엇입니까?**

1 네모난 것도 둥근 것도 있다.
2 옛날부터 쓰레기가 생기지 않도록 고안해서 만들어진 천이다.
3 옛날부터 사용하고 있는 물건을 싸기 위한 편리한 천이다.
4 외국인은 후로시키의 사용법을 모른다.

質問 ❷ **후로시키의 좋은 점이 뭐라고 말하고 있습니까?**

1 싸고 가벼워서 해외여행할 때에도 사용할 수 있다.
2 몇번이고 사용할 수 있어서 돈이 전혀 들지 않는다.
3 다양한 형태로 만들 수 있어서 아이들이 좋아한다.
4 종이와 달라서 몇번이고 쓸 수 있기 때문에 쓰레기를 줄일 수 있다.

| 해설 |
❶ 何度なんどでも 여러 번, 몇 번 씩
❷ ~にぴったりだ ~에 딱 맞다, ~에 딱 어울린다. ~에 적격이다
❸ 用意ようい する 준비하다
❹ 紐ひもを結むすぶ 끈을 묶다

02

대중목욕탕을 이용하는 사람이 줄면서 그 수도 줄었다. 지금은 대부분 집에 욕조가 있어서 (굳이) 외출해서 대중목욕탕까지 갈 필요가 없기 때문일 것이다. 오사카부에서도 1969년에 2531개 있던 것이 2008년에는 1,103개로 격감했다. 그러나 그 중에서도 살아남기 위해 다양한 아이디어로 많은 손님을 모으고 있는 목욕탕이 있다. 가격도 일반 목욕탕은 어른이 400엔 정도인데, 그보다 약간 비싸게 받는 대신 탁 트인 경치가 보이는 목욕탕이나 사우나, 인공 온천 등 이용자에 맞춘 서비스를 고안해 내서 제법 인기가 있다. 또 약을 넣은 약탕, 노송나무 탕이나 노천탕 등 몇 개의 탕를 갖추고, 때밀이나 선술집 등 각종 서비스를 더했다. 이곳은 단지 몸만 씻는 것이 아니라 가족 전원이 즐길 수 있는 장소로서, 근처 주민은 물론 차를 끌고 오는 사람도 많다.

목욕탕이 적어진 탓인지 최근에는 일본인 중에서도 목욕탕에서의 매너를 모르는 사람이 많다. 목욕탕에는 목욕의 매너가 있다. 먼저 세면장에서 온몸에 더운 물을 끼얹어 대충 더러움을 씻고 나서 탕에 들어간다. 탕에는 타월 따위를 들고 들어가지 않는다. 탕에는 많은 사람이 함께 들어가기 때문에 물을 더럽히지 않도록 해야 하는 것이다. 나올 때는 발 등을 잘 닦아서 바닥이 젖지 않게 한다. 이런 매너를 지키지 못하는 사람이 있어서 싸움의 빌미가 되기도 한다. 목욕 매너는 온천에서도 마찬가지다. 간단한 것들이니 이런 것들을 잘 지켜서 대중목욕탕과 온천을 즐겼으면 한다.

質問 ❶ **(　　　) 에 들어갈 가장 적당한 말을 고르세요.**

1 일부러, 굳이
2 모처럼
3 정말
4 정말이지

質問 ❷ **대중목욕탕이 줄어든 이유는 무엇입니까?**

1 사람들이 일반 목욕탕에 흥미가 없어졌기 때문에
2 가정집에도 목욕탕이 보급되기 시작했기 때문에
3 대중목욕탕의 요금이 비싸졌기 때문에
4 매너를 모르는 사람이 늘었기 때문에

|해설| ❶ 동사의 기본형＋までもない ~할 것까지 없다, ~할 필요도 없다
- **言いうまでもない** 두말할 필요도 없다
- **説明せつめいを聞きくまでもない** 설명을 들을 필요도 없다

❷ 형용사 어간＋め 비교적 그런 성질이나 경향을 많이 띠고 있음
- **少すくなめにする** 적은 듯하게 하다
- **細ほそめにした方ほうがいい** 가느다랗게 하는 게 좋다
- **少すこし大おおめのご飯はん** 약간 많은 듯한 밥

❸ **喧嘩けんかの種たねになる** 싸움의 빌미가 되다
「**種たねになる**」는 '원인이 되다, 빌미가 되다, 재료가 되다'라는 뜻의 관용구이다.

03

어린이를 대상으로 하는 범죄가 잇따르고 있습니다. 부모나 경찰은 물론 학교나 지역도 힘을 합쳐 아이들을 지키기 위해 노력하고 있습니다. 경찰은 어린이가 범죄에 휘말리지 않도록 '이카노오스시(오징어초밥)'라는 어린이가 외우기 쉬운 표어를 만들어 보급하는 데 힘을 쏟고 있습니다.

「いか」는 낯선 사람을 따라 「行かない(가지 않는다)」, 「の」는 차에 「乗らない(타지 않는다)」, 「お」는 「大声を出す(큰소리를 지른다)」, 「す」는 「すぐ逃げる(바로 도망간다)」, 「し」는 주변 어른들에게 「知らせる(알린다)」입니다. 꼭 필요한 주의사항이 모두 들어 있는 매우 좋은 표어입니다.

'이카노오스시'를 사용한 노래도 발표되어, 초등학교 등의 교육에 사용되고 있다고 합니다. 이 노래는 경찰이 만든 것은 아니지만, 이것에 맞춘 춤도 고안되는 등 재미있고 기억하기 쉽기 때문에 전국적으로 사용하게 되었다고 합니다. 또 유치원 등에서는 그림 연극을 사용한 교육 등 '이카노오스시'를 확산시키기 위한 노력이 계속되고 있습니다.

이런 다양한 교육 효과도 있어 지금은 많은 아이들이 이 표어를 알게 되었습니다. 그러나 알고 있다고 해서 갑자기 스스로를 지킬 수 있게 되는 건 아닙니다. 수상한 사람이 있으면 주의시키는 등 평소부터 아이들 주변에 주의를 기울여 위험 요소를 제거해 줄 필요가 있습니다. 아이들의 안전을 지키는 것은 어디까지나 우리 어른들의 책임이기 때문입니다.

質問 ❶ **'이카노오스시'란 무엇입니까?**

1 아이들이 범죄에 휘말렸을 때 도움이 되는 표어
2 아이들이 범죄를 일으키지 않도록 주의를 주는 표어
3 어른이 아이들을 지키기 위해 무엇을 할지 적은 표어
4 범죄를 당하지 않도록 아이에게 주의를 호소하는 표어

質問 ❷ **필자가 가장 말하고 싶은 것은 무엇입니까?**

1 어른은 아이에게 몸을 지키는 방법을 표어로 해서 가르쳐야 한다.
2 어른은 아이가 범죄를 당했을 때 어떻게 할지를 항상 생각하고 있어야 한다.
3 어른은 아이가 범죄에 휘말리지 않도록 좋은 표어를 만들어야 한다.
4 어른은 아이가 범죄를 당하지 않도록 위험을 제거해 주어야 한다.

|해설|
❶ 力ちからを合あわせる 힘을 모으다, 힘을 합치다
❷ 被害ひがいを受うける 피해를 입다
❸ ~からといって ~하다고 해서
❹ 注意ちゅういを向むける 주의를 기울이다

04

과학의 진보와 함께 뇌의 작용이 해명되어 뇌에 대한 관심이 높아지고 있다. 뇌의 작용에는 어떤 것이 있을까? 우뇌인간, 좌뇌인간이라는 말이 있는데 우뇌는 신체의 왼쪽 반신의 운동 기능을 제어하고 공간을 인식하거나 음악을 듣거나 할 때에 사용하고, 좌뇌는 신체의 오른쪽 반신의 운동 기능을 제어하여 언어에 깊이 관계하고 계산 등을 할 때에도 중요한 기능을 한다고 한다.

뇌의 작용은 남녀에 따라 달라서, 일반적으로 남성은 우뇌의 작용이 여성보다 발달되어 있다. 그리고 좌우의 뇌를 잇는 부분이 여성 쪽이 크다고 한다.(그 때문에) 여성 쪽이 사물을 큰 시야로 보고 결정하는 일이 가능하고, 남성은 하나의 일에 집중하는 경향이 있다고 한다. 이런 차이는 민족에 따라서도 있어, 일본인은 기뻐하는 소리나 슬퍼하는 소리, 모음과 자음, 동물의 울음소리도 좌뇌의 움직임으로 듣는다. 즉 소리를 말로서 듣는 경향이 있다는 것으로, 소리에 민감하다고 할 수 있다.

또한 뇌의 문제에 수반하는 현상과 대처법이 조금씩 해명되고 있다. 사고 등으로 쇼크를 받은 뒤에 성격이 변한다거나 하는 것도 뇌의 변화가 원인으로, 그것에 맞춘 대응이 가능하게 되었다. 뇌 노화의 대응도 특히 관심이 높은 분야이다. 다른 사람과 대화가 불가능해진 노인이 뇌를 많이 사용하는 음독을 반복했더니 어떻게 된 일인지 말을 할 수 있게 되었다는 예도 있다. 나도 자신의 뇌를 알고 뇌를 훈련하여 젊음을 유지하고 싶다.

質問 **1** **(　　　) 에 들어갈 가장 적당한 말을 고르세요.**

1 그래서
2 그 때문에
3 왜냐하면
4 그러나

質問 **2** **이 글에서 알 수 있는 사실은 무엇입니까?**

1 남성 쪽이 우뇌가 발달되어 있어서 집중력이 있다.
2 뇌의 작용을 이해하는 것으로 노화를 방지할 수 있다.
3 뇌가 노화하지 않도록 음독이나 계산을 하는 노인이 늘고 있다.
4 여성에게 우뇌가 발달하도록 훈련시키면 좋다.

05

일본에는 계절 선물로써, 여름에는 오츄겐(お中元), 연말에는 오세보(お歳暮)라는 풍습이 있습니다. 오츄겐은 7월 초부터 15일 정도까지(간사이부터 서쪽 지역에서는 8월 초부터 15일 정도), 오세보는 12월 초부터 20일 사이에 보냅니다. 1년에 한 번만 하는 경우는 오세보로 합니다.

선물은 평소 신세를 지고 있는 사람에게 보냅니다. 회사에서는 업무상 관계있는 사람에게 보내지만, 개인은 순서가 부모님, 친척, 그 다음이 업무상의 관계라고 합니다. 또 피아노 등을 배우고 있는 때는 그 선생님께 드리기도 하는데, 학교 선생님에게 드리는 경우는 생각보다 적다고 합니다. 이런 선물을 전혀 하지 않는 사람도 적지 않습니다.

오츄겐이나 오세보의 선물에 대한 앙케트를 보면, 상대에게 보내는 것은 맥주, 과자, 햄 · 소시지, 커피 등이 많다고 합니다. 그렇지만 자신이 받고 싶은 선물 중에는 상품권의 순위가 꽤 높은 것 같습니다. 어디에서 구입하냐고 하는 질문에는 백화점을 이용한다고 대답한 사람이 가장 많아, 60% 정도를 차지하고 있습니다. 이것은 아무래도 선물이므로 (고급스럽게 보이고 싶다)고 생각하기 때문인 듯합니다.

質問 ❶ (　　　) 에 들어갈 가장 적당한 말을 고르세요.

1 비싼 것이 좋다
2 고급스럽게 보이고 싶다
3 고급이니까
4 비쌀 것이다

質問 ❷ 오쥬겐, 오세보는 누구에게 보냅니까?

1 3분의 1은 신세지고 있는 사람이 없기 때문에 보내지 않습니다.
2 개인의 경우에는 피아노 선생님보다 학교 선생님에게 보내는 사람이 많습니다.
3 회사나 개인 모두 일 때문에 신세지고 있는 사람에게는 반드시 보냅니다.
4 개인의 경우에는 업무 관계에 있는 사람보다 부모님 등에게 보내는 사람이 많습니다.

|해설| ❶ 世話せわ 보살피고 돌보는 일

- 子供こどもの世話せわをする 아이를 돌보다
- 身みよりのない年としよりの世話せわをする 피붙이가 없는 노인을 돌보다

❷ 思おもったより 생각했던 것보다

자신이 가지고 있던 정보나 생각, 판단, 예상보다 그 정도가 더하거나 덜할 때 쓴다.

- 想像そうぞうより 상상했던 것보다 · 聞きいていたより / 聞きいたより 들은 것 보다

❸ 占しめている 차지하고 있다, 점유하고 있다

06

일본에서 오래 살았어도 좀처럼 익숙해지지 않는 언어 표현이 있다. 그 중 하나가 '일전에는 고마웠습니다', '지난번에는 고마웠습니다'라는 인사다. 일본인과 만났을 때 '일전에는 고마웠습니다'와 같은 인사말을 들으면 '뭘 말하는 거지?'라고 생각하게 된다. 그러고 보니 식사를 대접(했던가) 하고 구체적인 사건을 떠올릴 수 있을 때는 그래도 낫다. 아무런 이유도 없을 때는 어떻게 대답해야 좋을지 모르게 된다. 보통은 전에 만났을 때의 일을 떠올리며 '저야말로 신세졌습니다.', '저야말로 즐거웠습니다.', '또 만납시다.' 등으로 대답한다. 인사만 나눴던 사람에게 그런 말을 들으면 '그때는 제대로 얘기도 못 나눠 아쉬웠습니다.' 라는 식이다. 이것이 꽤 어렵다.

일본인은 마지막에 헤어졌던 때와 이어지는 것처럼 이야기를 시작하는 것 같다. 그래서 선물을 받거나 뭔가로 신세를 지면 당연히 '지난번에는 정말 고맙습니다.'로 대화가 시작된다. 외국인은 이 말을 하기가 좀처럼 어렵다. 그러나 일본인은 <u>이런 때</u> 아무 말도 듣지 못하면 조금 서운한 마음이 드는가 보다. 이것은 습관의 문제이므로 좋고 나쁨을 따질 순 없지만, 외국인에게 있어 골치 아픈 표현임에는 틀림없다.

質問 ❶ (　　　) 에 들어갈 가장 적당한 말을 고르세요.

1 ~했던가
2 ~한 경향이 많다
3 당연히 ~일 것이다
4 ~한 것이다

質問 ❷ '<u>이런 때</u>'는 어떤 때입니까?

1 외국인이 감사의 인사말을 하지 않을 때
2 신세를 지거나 선물을 받았을 때
3 뭔가를 해 주었을 때
4 대화를 시작할 때

|해설|

❶ ~はまだいい ~는 그래도 낫다

❷ ~とか …とか ~라든가 …라든가
여러 가지 중에서 몇 가지만을 예로 들거나「言いう」와 연결하여 '~라나 뭐라나'하는 식으로 불확실한 정보를 나타내기도 한다.
- ここは食たべ物ものとか服ふくとかいろいろ売うっています。 여기는 음식이나 옷 등을 팝니다.
- 明日あした日本にほんへ行いくとか言いいました。 내일 일본에 간다든가 뭐라든가 하던데요.

❸ ~にとって ~에게 있어서, ~에게
- 私わたしにとっては大事だいじなことだ。 내게는 중요한 일이다

❹ ~に違ちがいない ~임에 틀림없다, 틀림없이 ~하다
동사의 기본형 · 과거형 / 형용사의 기본형 · 과거형 / な형용사 · 명사である＋に違ちがいない

07

'운을 신경 쓴다'라는 말이 있습니다. 수험 때는 '시험에 떨어진다' 라는 뜻이 있어서 '미끄러지는' 바나나를 먹지 않는다든지, 시합이 있는 날에 '승리'를 먹는다는 의미로 '돈가스'를 먹는 것 등입니다. 결혼 축하 선물로 부엌칼이나 밥공기, 접시같은 것은 주지 않습니다. 베이거나 깨지기 때문입니다. 이처럼 운을 신경 쓰기 때문에 행동이나 물건뿐 아니라 말에도 신경을 씁니다. 상황에 따라 쓰지 않는 게 좋은 말이나 표현이 있습니다. 그것을 '삼가야 할 말'이라고 합니다.

예를 들면, 시험을 치는 사람에게는 '떨어진다'라든가 '미끄러진다'처럼, 시험의 (실패를 떠올리게 하는) 말은 쓰지 않습니다. 마찬가지로 사람이 죽었을 때나 병문안을 할 때는 불행이 거듭되지 않기를 바라는 의미에서 같은 말을 반복하지 않는다든가, '또'나 '다시' 등도 사용하지 않는 게 좋다고들 합니다. 그러므로 '삼가야 할 말'은 상대에 대한 배려의 마음에서 생겨났다고 할 수 있습니다.

특히 인생의 중요한 행사인 결혼식 축사는 더욱 조심하는 게 좋겠지요. 행복한 결혼식 자리에서 결혼의 실패를 연상시키는 말은 하지 않도록 합니다. '헤어진다'를 비롯해, '자른다', '멀어진다', '끝난다', '(인연이) 약하다', '(시일이) 길지 않다'와 같은 말도 삼가야 할 말입니다.

결혼식 때 노래를 부르게 됐을 때도 마찬가지입니다. 가사 속에 삼가야 할 말이 들어가서 결혼식 분위기를 망치지 않도록 어떤 노래를 부를지, 가사에 문제는 없는지 잘 보고 상황에 따라서는 그 부분의 가사를 바꿔서 부르는 등 신경을 쓸 필요가 있습니다. 그러나 너무 내용이 없는 것도 재미가 없습니다. 젊은 사람들이 삼가야 할 말을 썼다 해도 너무 기분 나쁘게 생각지 않는 게 좋지 않을까요?

質問 ❶ **(　　　) 에 들어갈 가장 적당한 말을 고르세요.**

1 결과를 생각하게 하는
2 성공을 떠올리게 하는
3 실패를 잊게 하는
4 실패를 떠올리게 하는

質問 ❷ **결혼 선물로 부엌칼이나 밥공기, 접시 따위를 주지 않는 것은 무엇 때문입니까?**

1 옛날부터 운이 나빠지므로 사용하지 않기 때문에
2 부엌칼이나 밥공기, 접시는 결혼식에서 삼가야 할 말이기 때문에
3 부엌칼은 베이고 밥공기, 접시는 깨져서 위험하기 때문에
4 결혼의 실패를 연상시키기 때문에

| 해설 | ❶ 試験しけんを受うける 시험을 보다

❷ ～ないようにする ～하지 않도록 하다

「～ようにする」는 '가능하면 ～하도록 노력하고 있다' 또는 '될 수 있는 한 ～할 수 있도록 정하고 있다'는 뜻을 나타낸다. 그러므로「～ないようにする」는 '～하지 않으려고 노력하고 있다'는 뜻이다.

❸ 気きをつかいすぎる 지나치게 신경 쓰다

い형용사 · な형용사 어간 / 동사 ます형+すぎる 너무 ～하다

• 飲のみすぎる 과음하다 • 重おもすぎる 너무 무겁다 • 静しずかすぎる 너무 조용하다

❹ 気分きぶんを悪わるくする 기분이 나빠지다

08

불경기로 매출이 떨어지고 있는 백화점이 많은데, 지하에 있는 식품 매장이 전체 매출의 20～30%를 벌어들인다. 줄여서「デパ地下(백화점 지하 매장)」라고 한다. 어느 백화점이나 이 지하 식품 매장에 공을 들이고, 매장 면적도 늘리고 있다.

직장 여성들이 퇴근길에 사 갈 뿐만 아니라 주부들도 자주 이용한다. ①샐러드 하나만 해도 슈퍼보다 비싸지만, 불티나게 팔려 나간다. 유명한 호텔의 요리는 슈퍼 가격의 두 배 이상이다. 주부가 요리를 하지 않게 되었다는 뜻은 아니다. 평소에는 싼 물건을 사도 가끔은 비싸지만 맛있는 호텔 요리를 맛보고 싶은 것이다. 반찬뿐만 아니라 케이크나 일본 과자도 잘 팔린다고 한다. 백화점 안에서 갓 구운 케이크나 빵을 기다리는 사람들이 긴 행렬을 이루고 서 있는 것을 자주 본다. 일단 인기에 불이 붙으면 금세 우르르 사람들이 모인다.

그 때문에 백화점에서는 유명하고 맛있는 과자점을 입점시킬 수 있느냐가 ②죽느냐 사느냐의 문제가 될 정도다. 어느 백화점의 가게가 맛있다는 이야기를 들으면, 그곳이 어디든 바로 확인하러 달려간다. 한발 늦어 다른 백화점에 매장을 뺏기면 큰일이다. 예전에 특이한 빵이 소문이 나서 손님들이 길게 줄을 섰던 일이 뉴스에 난 적이 있다. 그것도 좋은 광고가 된다.

質問 ❶ ① **'샐러드 하나만 해도 슈퍼보다 비싸지만'의 뜻은 무엇입니까?**

1 샐러드 하나의 가격이 슈퍼보다 비싸다.
2 샐러드만이 아니라 다른 물건도 슈퍼보다 비싸다.
3 샐러드는 전부 슈퍼보다 비싸다.
4 예를 들면 샐러드는 슈퍼보다 비싸다.

質問 ❷ ② **'죽느냐 사느냐의 문제가 될 정도다'란 이 경우 어떤 뜻입니까?**

1 백화점 지하 매장의 매출의 증감이 백화점 전체 매출과 관계가 있다.
2 백화점 지하 매장에 좋은 매장을 입점시킬 수 있느냐가 전체 매출에 큰 영향을 미친다.
3 백화점 지하 매장이 뉴스가 되느냐 못 되느냐가 백화점 매출에 큰 영향을 미친다.
4 백화점 지하 매장에 호텔 요리 등 고급품을 넣지 않으면 직장 여성이 오지 않는다.

|해설| ❶ 力ちからを入いれる 힘을 쏟다
❷ ~わけではない ~인 것은 아니다
❸ 火ひがつく 불이 붙다
❹ ~であろうと ~이든
「~である」의 의지형「~であろう」에「と」가 접속된 형태로,「~であろうが」와 비슷한 의미이다.
・誰だれであろうと 누가 됐든, 누구든 ・いつであろうと 언제든
❺ 評判ひょうばんになる 좋은 평판을 얻다, 소문이 나다

09

책을 읽고 담배를 끊을 수 있다. 말도 안 되는 이야기라고 생각할지 모르지만, 실제로 우리 아들들은 그 책 덕분에 담배를 끊을 수 있었다. 어느 날, 첫째 아들이 그 책을 구했다. 해외여행 중에 시간을 때우기 위해 사서는 비행기 안에서 읽었다. 그리고 목적지에 도착했을 때는 이미 금연한 상태였다. 그 이후로 한 개비도 피우지 않는다.

둘째 아들은 그 이야기를 듣고, 있을 수 없는 일이라고 하면서 읽기 시작했다. 둘째 아들은 (a)그 아이보다 담배를 더 많이 피웠었다. 그런데 놀랍게도 (b)그 아이가 담배를 끊은 것이다. 부모인 나도 놀라지 않을 수 없었다. 사실 지금은 담배를 피우지 않지만, 남편도 하루에 몇 개비씩 피우던 사람이었다. (c)그가 몇 번이나 금연에 실패하는 모습을 봐 왔다. 때문에 책을 읽고 담배를 끊을 수 있다는 말을 (갑자기)는 믿을 수가 없었다.

그래서 나도 그 책을 읽어 보았다. 건강에 나쁘다든가 돈 낭비라든가 하는 상투적인 말을 늘어놓았을 거라고 생각했는데 그런 이야기는 전혀 없었다. 단지 당신에게는 담배를 피울 이유가 없다는 이야기가 장황하게 적혀 있었다. 나는 담배를 피운 적이 없어서 왜 이 책이 그렇게 효과가 있는지 모르겠다. 그저 집에서 퀴퀴한 냄새가 사라졌다는 사실에 기뻐할 뿐이다. 이런 책이 있다는 것이 그저 고마울 뿐이다.

質問 ❶ (　　　) 에 들어갈 가장 적당한 말을 고르세요.

1 당장
2 즉시
3 돌연
4 갑자기

質問 ❷ (a), (b), (c)의 그는 각각 누구입니까?

1 (a) 차남 (b) 차남 (c) 남편
2 (a) 장남 (b) 차남 (c) 남편
3 (a) 차남 (b) 장남 (c) 남편
4 (a) 장남 (b) 장남 (c) 차남

| 해설 | ❶ 驚おどろいたことに 놀랍게도

「감정을 나타내는 형용사＋ことに」의 형태로 기분이나 감정을 강조하는 역할을 한다.
- うれしいことに 기쁘게도 • ありがたいことに 고맙게도 • 残念ざんねんなことに 안타깝게도
- 幸しあわせなことに 행복하게도 • 不幸ふこうなことに 불행하게도

❷ ～はずがない ～일(할) 리가 없다

동사 · 형용사의 기본형 / な형용사 · 과거형＋はずだ 틀림없이 ～일 것이다, ～할만도 하다
비슷한 표현에 「～わけがない」가 있다.

❸ ～わけにはいかない ～할 수는 없다
～わけがない ～할 리가 없다
부정문＋わけでもない ～못할 것도 없다

❹ 決きまった文句もんく 틀에 박힌 말, 정해진 문구, 상투적인 말

❺ ～と思おもいきや ～라고 생각했더니, ～인가 싶더니 〈뜻밖의 사실이나 예상과 다른 결과〉

10

휴가 때 미국으로 돌아가는 학생에게 "즐거운 크리스마스 보내요."라고 했더니, "제게는 크리스마스는 없습니다."라고 대꾸를 했다. 내가 한 말을 취소라도 해 주기 바라는 듯한 진지한 얼굴이었다. "아, 그러니?"라고 말하면서도 나는 어쩐지 (납득할 수 없었다). 이해가 안 가는 듯한 내 표정을 보고는 "나는 기독교인이 아니고 유대교를 믿기 때문에 크리스마스는 챙기지 않아요."라고 말했다. 미국인은 모두 크리스마스를 축하한다고 잘못 알고 있었던 것이다. 그녀가 유대교를 믿고 있다는 걸 그때 처음 알았다. "그럼, 휴가 잘 보내요."라고 다시 말했더니 "네."하는 밝은 목소리가 되돌아왔다.

전혀 다른 형태로 똑같은 경험을 한 적이 있다. 역시 미국인 학생이었다. 그녀도 기독교인은 아니었는데, 반응은 달랐다. "저는 크리스마스를 챙기지는 않지만 일본인에게 메리 크리스마스라는 인사를 받으면 메리 크리스마스라고 대답해요. 대수롭지 않은 일이니까요. 그럼, 크리스마스 잘 보내세요."라고 말했다. 그녀한테는 크리스마스 선물까지 받은 적이 있다.

나는 크리스마스를 축제같은 일종의 행사로 생각하고 있었지만, 외국에서는 그렇지도 않은 모양이다. 일본 생활이 길어서 일본인이 크리스마스를 보내는 방식을 봐 온 그녀는, 일본인에게 "메리 크리스마스"라는 말을 들었을 때 가볍게 넘기는 방법을 몸에 익힌 듯 했다. 외국인과 이야기할 때는 그 나라의 습관을 알고, 오해받거나 상처주거나 하지 않도록 조심하는 편이 좋을 것이다.

質問 ❶ (　　　) 에 들어갈 가장 적당한 말을 고르세요.

1 납득할 수 없었다
2 생각할 수 없었다
3 인정할 수 없었다
4 확인할 수 없었다

質問 ❷ **이 글의 내용과 맞는 것은 어느 것입니까?**

1 후자는 일본에서는 기독교인으로서 행동하고 있다.

2 기독교인이 아니면 크리스마스를 즐기면 안된다.

3 후자가 일본의 크리스마스 풍습을 이해하는 것은 일본 생활이 길기 때문이다.

4 후자는 전자보다 크리스마스에 대해 이해하고 있다.

|해설| ❶ **~顔かおをする** ~한 얼굴을 하다, ~한 표정을 짓다
- **渋しぶい顔かおをする** 떨떠름한 표정을 짓다
- **嬉うれしい顔かおをする** 기쁜 얼굴을 하다

❷ **~ことにしている** ~하는 것으로 하고 있다
의지와 노력으로 '~하기로 하고 있다'는 뜻을 나타낸다.

❸ **たいしたことじゃない** 대수롭지 않은 일이다
「たいした」는 연체어이므로 다른 단어에 연결하여 사용한다. 「たいしたことじゃない」처럼 뒤에 부정을 수반하는 경우에는 '그리 대단한 ~이 아니다, 그리 대수로운 ~가 아니다'라는 뜻을 나타낸다. 명사에 연결해서 쓸 때는 '대단한, 굉장한'의 뜻이 있어 「たいしたものですね」라고 하면 '대단한 사람이군요'라는 뜻이 된다.

❹ **身みにつける** (자신의 것으로) 습득하다, 익히다

❺ **それどころか** 그렇기는커녕, 오히려
「~どころか」는 두 가지 뜻을 갖는다.
① ~은커녕
- **漢字かんじどころかひらがなさえ書かけない。** 한자는커녕 히라가나조차 쓸 줄 모른다.

② ~보다 더 ~하다, ~정도가 아니라 더 ~하다
- **顔かおがかわいいどころか人形にんぎょうのようです。** 얼굴이 귀여운 정도가 아니라 인형 같습니다.
- **暑あついどころか熱あついです。** 더운 정도가 아니라 뜨겁습니다.

11

휴대전화의 진화는 대용량 데이터 교환과 정보 수집을 가능하게 하여 사람들의 커뮤니케이션 스타일을 크게 변화시키고 있다. 먼저 휴대전화의 일반화에 의한 소속감의 변화가 있다. 연락을 하면 금세 답장이 오는 것이 당연해져서 상대로부터 연락이 오지 않을 때 필요 이상으로 외로움이나 스트레스를 느낀다고 한다. 그렇기 때문에 항상 누군가와 이어져 있고 싶어서 확실한 목적 없이 연락하는 일이 많은 것 같다.

페이스북이나 트위터 등에서는 실제로 만나지 않더라도 서로의 상황을 잘 알 수 있다. 게다가 친구의 친구와 친해지거나, 옛 친구에게 연락하는 일도 가능하다. 아무렇지 않은 이야기에 멀리 떨어져 있는 잘 모르는 사람에게 답장이 오거나 한다. 즉, 상대가 정해져 있지 않은 커뮤니케이션이 일어나고 있다. 또한 스스로 만든 콘텐츠를 다른 사람에게 보여주거나, 필요한 콘텐츠를 입수하는 것도 간단하다.

이렇게 되면 이제 휴대전화는 자신의 분신이고, 없어서는 안 될 존재라고 할 수 있다.

요즘 젊은이는 커뮤니케이션 능력이 떨어진다고 흔히 말한다. 그러나 이것은 휴대전화에 의한 새로운 커뮤니케이션을 하고 있기 때문이 아닐까? 즉 실제로 만나는 커뮤니케이션만이 커뮤니케이션이라고 생각하는 사람들의 편견이 아닐까? 직접 만나는 커뮤니케이션도, 휴대전화에 의한 커뮤니케이션도 각각 장점과 단점이 있다. 이제부터는 그 두가지 커뮤니케이션 방식을 이해하는 것이 필요한 게 아닐까 생각한다.

質問 ❶ **'자신의 분신이고'에서 「あり」와 같은 의미로 쓰인 문장은 무엇입니까?**

1 그의 이야기에는 꿈이 있어 매력적이다.
2 일본 최고를 유지하는 것은 힘들다.
3 정말로 있을 법한 이야기라고 생각했다.
4 형은 의사이며 동생은 음악가이다.

質問 ❷ **이 글 내용과 맞는 것은 무엇입니까?**

1 최근 젊은 사람들은 커뮤니케이션이 서투르다.
2 휴대전화를 사용한 커뮤니케이션을 하는 사람은 말을 매개로 하지 않는다.
3 새로운 휴대전화에 의해 새로운 커뮤니케이션 스타일이 가능해졌다.
4 타협이나 포기를 하지 않는 자기중심적인 커뮤니케이션이다.

|해설| ❶ ～なしに 없이
❷ 何気なにげなく 아무렇지도 않게, 무심하게

12

「情けは人のためならず」라는 말을 '남을 도와주면 결국은 그 사람에게 도움이 되지 않는다'는 잘못된 의미로 사용하는 사람이 많아졌습니다. (사실은) 「ためならず(위하는 것이 아니다)」는 '남을 위한 것이 아니라 나를 위한 것이다'라는 의미였지만, '남을 위하는 것이 아니다'라는 의미만 남은 듯합니다.

이런 일이 어느 정도 일어나고 있을까요? 문화청이 실시한 조사에 의하면 정답률은 47.2%였습니다. 60% 이상의 대학생이 잘못 생각하고 있다는 조사도 있습니다. 연령별로 보면 60세 이상의 회답자의 정답률은 65.2%로, 연령이 내려갈수록 정답률이 떨어지는 경향이 있다고 합니다. 연배가 있는 분은 '요즘 젊은이들은 말을 모른다'라는 사람이 많습니다.

「情けは人のためならず」 다음으로 잘못 사용하는 말로 「役不足」이 있습니다. 이것도 원래 그 사람의 능력보다 역할이 가벼운 것을 의미했지만 반대 의미로 사용하는 사람이 많은 것 같습니다. 이런 일이 있었습니다. 어떤 회장에서 새로운 프로젝트의 적임자가 된 사람이 "역부족일지도 모르지

만 최선을 다하겠습니다."라고 인사를 했습니다. 인사를 한 사람은 "제 능력이 부족하여 여러분께 폐를 끼치겠지만."이라고 겸손하게 말하고 싶었는지도 모르겠지만, 사실은 "나에겐 이런 일 너무 간단해서 만족할 수 없습니다."라는 정말 부끄러운 인사입니다. 그 인사에 놀란 사람은 없는 듯 보였지만 저는 놀랐습니다. 그리고 잘못된 표현을 듣고 '이런 사람에게 프로젝트를 맡겨도 좋을까 하는 걱정이 되었습니다.' 말이 다른 사람에게 주는 이미지는 한순간에 정해집니다. 그 때문이라도 바른 일본어를 알고 애매한 표현을 주의해서 사용하려는 노력이 필요하다고 생각합니다.

質問 ❶ **(　　　)에 들어갈 가장 적당한 말을 넣으세요.**

1 정말로
2 그러나
3 확실히
4 사실은

質問 ❷ **「役不足」은 원래 어떤 뜻이었다고 말합니까?**

1 그 사람의 능력보다 임무가 간단하다.
2 그 임무에는 그 사람의 능력이 충분치 않다.
3 그 임무에는 그 사람이 맞지 않는다.
4 그 임무는 한사람으론 부족하다

|해설| ❶ **ためになる** 이익(득)이 된다. 도움이 된다
❷ 동사의 부정형+ず ~하지 않고, ~하지 말고
「~ないで」와 같은 뜻으로 「~ずに」로 쓰이기도 한다. 「飲のまず食くわず(먹지도 마시지도 않고)」와 같이 관용구에도 많이 사용된다.

13

한때 정년 퇴직한 남편을 '대형 쓰레기'나 '젖은 낙엽' 따위로 표현하기도 했었다. '대형 쓰레기'는 장롱처럼 집에 두면 거치적거리는 큰 쓰레기, 즉 자리만 차지할 뿐 아무 일도 하지 않아서 도움이 되지 않는 남편이라는 뜻이다. '젖은 낙엽'은 젖은 낙엽이 바닥에 찰싹 달라붙어 떨어지지 않는데서 아내의 뒤를 따라다니는 남편을 두고 한 말이다. 두 단어 모두 정년 후에 할 일이 없어서, 혹은 아무것도 하지 않아서 생기는 상황을 가리킨다.

그런데 요즘 (그보다) 심각한 사태가 발생하고 있다. 집에만 있는 남편 때문에 그 스트레스로 정신과 상담을 받는 아내가 늘고 있다고 한다. 이를 '은퇴한 남편 증후군'이라고 한다. 아내가 스트레스를 느끼는 남편은 항상 아내의 행동을 일일이 지시하거나, 집에서 손 하나 까딱하지 않거나, 아내에게 관심이 없는 타입이라고 한다.

최근에는 정년 전에 '정년 후의 생활 방법'을 가르치는 강좌가 개설되고, 수강하는 사람도 많다. 그곳에서는 연금 등의 경제적인 정보를 주거나 정년 후에 일상생활을 어떻게 보낼지를 가르친다. 남편이 퇴직했다고 해서 아내가 갑자기 생활을 바꿀 수는 없다. 남편이 회사에 다닐 때는, 낮 동안 느긋하게 마음대로 보낼 수가 있었다. 아내는 사람들과의 교제나 취미생활로 매우 바쁘다. 그런데 남편이 있으면 점심식사도 대충 넘길 수가 없다. 오히려 더 바빠진다. 그러한 때에 남편이 이것저것 시키기만 하고 도와주지 않으면 스트레스가 쌓여서 병이 나는 것도 무리가 아니다.

남편이 정년이 되어 기쁘다거나 도움이 된다고 말하는 아내도 꽤 있으니, 만약 당신의 부인이 '은퇴한 남편 증후군'에 걸린다면 정말로 불명예스러운 일로 생각하기 바란다.

質問 ❶ **(　　　)에 들어갈 가장 적당한 말을 고르세요.**

1 그보다
2 그다지
3 그러고 나서
4 그만큼

質問 ❷ **아내가 '은퇴한 남편 증후군'에 걸리지 않도록 남편은 어떻게 하면 될까요?**

1 '정년 후의 생활 방법' 교실을 수강합니다.
2 점심식사는 남편이 준비합니다.
3 아내와는 관계없는 생활을 계속합니다.
4 남편도 취미를 갖거나 가사 등을 합니다.

|해설| ❶ **手てを抜ぬく** 일을 (겉)날림으로 하다, 대충대충 하다
❷ **2人ふたりきりになる** 둘만이 되다
「~きり」는 접미사적으로 붙어서 '~밖에 없음, ~만, ~뿐' 등의 뜻으로 쓴다.

14

세계는 카드 사회가 되어 가고 있다. 현금을 가질 필요가 없이 카드로 쇼핑이 가능한 간편함뿐 아니라 각 카드사의 부가 서비스를 활용하는 것으로 현금보다 이익이 된다는 느낌을 주고 있다. 예를 들면 다양한 할인, 각종 혜택이나 포인트 제도, 또는 보험 서비스 등이다. 그리고 이것들 혜택은 카드사에 따라 다르기 때문에 필요한 혜택을 얻기 위해 카드를 만드는 일까지 있다. 그 외에 카드를 사용해서 인터넷이나 휴대전화로 간단하게 쇼핑이 가능한 것이나, 전철, 버스, 택시, 고속도로 등에서 지불이 가능한 것도 카드 사용 증가의 원인이라고 할 수 있다.

어떤 카드사의 2009년 조사에 의하면 신용카드의 소지 매수는 평균 3.5장으로 매년 조금씩 늘고 있다고 한다. 그러나 소지하고 있는 것은 신용카드만이 아니다. 상점의 할인 카드나 포인트 카드

등 다양한 카드가 있다. 어떤 사이트에서는 카드의 이상적인 조합으로 주로 사용하는 신용카드 1장, 슈퍼마켓 등의 할인 카드 2장, 자주 사용하는 가게의 혜택 카드 1장, 항공 회사의 마일리지 카드 1장, 합쳐서 6장을 들고 있다. 그렇기 때문에 최근 카드 케이스를 지갑과 따로 가지고 다니는 사람도 적지 않다. 또 최근에는 휴대전화의 IC칩에 카드 기능을 넣어서 카드를 가지지 않고 휴대전화로 지불하는 방식도 보급되고 있다. 그러나 이런 지불 방법을 효과적으로 활용 가능한 사람이 대체 얼마나 있을까? 자기 파산의 원인의 하나로 신용카드의 사용을 들고 있다. 몇 장이나 카드를 사용하는 것으로 변제할 수 있는 금액을 초과하여 카드를 사용할 수 있게 되었기 때문이다. 카드의 효과적인 이용법. 꼭 마스터하고 싶다.

質問 ❶ **카드 이용의 증가하는 이유는 무엇입니까?**

1 카드사의 특혜나 사용 범위가 늘어나고 있기 때문에
2 휴대전화에 카드 기능을 가지게 한 쪽이 편리하니까
3 편의점 등에서도 전화 요금이나 광열비를 결제할 수 있기 때문에
4 몇 장의 카드를 사용하면 사용할 수 있는 금액을 초과하여 사용할 수 있기 때문에

質問 ❷ **필자가 가장 말하고 싶은 것은 무엇입니까?**

1 자기 파산의 원인은 카드를 많이 가지는 것이다
2 카드의 효과적인 사용법을 알 필요가 있다.
3 카드는 한 사람이 6장 이상 가지는 것이 이상적이다.
4 카드를 가지면 필요없는 물건까지 사게 된다.

|해설| ❶ 組くみ合あわせ 조합
❷ 特典とくてん 특전, 혜택

15

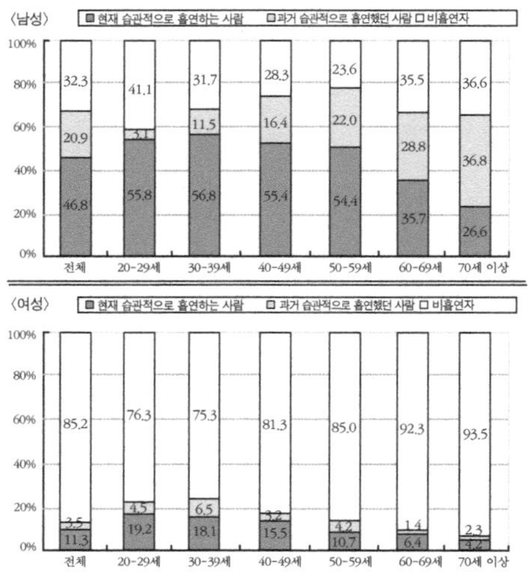

〈표 1〉 흡연 상황

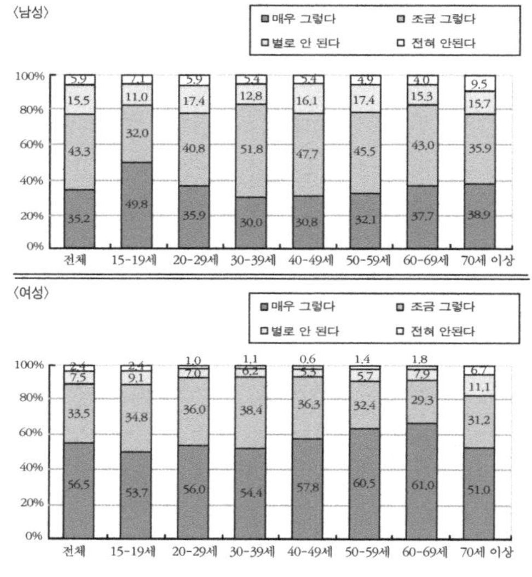

〈표 2〉 담배가 건강에 미치는 영향에 대해

質問 ❶ **표1 '흡연 상황'에서 알 수 있는 것은 무엇입니까?**

1 과거에 흡연했던 사람이 가장 많은 것은 남녀 모두 70세 이상이다.
2 현재 50대인 사람 중에 젊었을 때 담배를 피운 사람이 가장 많았다.
3 연령이 올라감에 따라 피우지 않는 사람의 비율이 높아진다.
4 여성의 경우 현재 담배를 피우는 사람의 비율이 가장 높은 것은 20대이다.

質問 ❷ **다음의 (a) (b) (c) (d)에 어떤 말을 넣어야 합니까?**

현재 습관적으로 담배를 피우는 사람의 비율은 남성이 46.8%, 여성이 11.3%이다. 남성은 30대, 여성은 20대가 가장 많고 30세 (　a　)은 연령이 올라갈수록 줄고 있다. 담배가 건강에 미치는 해에 대해서 '매우 신경 쓰인다'고 답한 사람의 비율은 여성 중에서는 (　b　) 연령에서도 50% 이상, 남성 중에서는 50% (　c　) 있었던 것은 10대 (　d　)이다.

1	(a) 이상	(b) 어떤	(c) 가까이	(d) 뿐
2	(a) 이후	(b) 어느	(c) 남짓	(d) 뿐
3	(a) 이후	(b) 어느	(c) 정도	(d) 밖에
4	(a) 후	(b) 각	(c) 정도	(d) 가량

|해설| ❶ 気きになる 신경 쓰이다, 마음에 걸리다, 궁금하다

PART 3

정답									
01-1 1	01-2 2	01-3 1	01-4 1	01-5 3	01-6 2	02-1 3	02-2 4	02-3 4	02-4 2
02-5 2	02-6 4	03-1 2	03-2 1	03-3 4	03-4 1	03-5 1	03-6 4	04-1 2	04-2 4
04-3 1	04-4 3	04-5 4	04-6 2	05-1 2	05-2 3	05-3 3	05-4 2	05-5 4	05-6 3
06-1 1	06-2 3	06-3 4	06-4 3	06-5 4	06-6 3	07-1 2	07-2 4	07-3 3	07-4 4
07-5 3	07-6 3	08-1 2	08-2 4	08-3 2	08-4 4	08-5 1	08-6 3	09-1 2	09-2 4
09-3 3	09-4 3	09-5 2	09-6 4	10-1 4	10-2 2	10-3 3	10-4 4	10-5 3	10-6 3

01

아직 젊었을 때 노인전화 상담원을 한 적이 있다. 70세 이상의 독거노인에게 매일 전화해서 별일이 없는지를 확인하는 일이었다. 예전에 혼자 사는 노인이 죽은 지 몇 주가 지나도록 방치되었던 일이 있었기 때문에 그런 일을 (① 방지하려)고 만들어진 제도였다. 단순히 별일 없는지 확인만 하면 되지만 "별일 없으시죠? 그럼 됐습니다."하고 전화를 끊을 수는 없는 일이다. 노인들의 말벗 상대가 되어 주어야 하기 때문이다. 나는 아직 20대였기 때문에 공통 화제가 없어 곤란했지만, 날씨나 일상생활 이야기 등을 들어주는 일을 계속했다. 매일 같은 사람들에게 전화를 하다 보니, 얼마쯤 지나자 상대 노인들의 생활이나 성격 등도 상당 부분 알게 되었다.

그 중에서 내가 가장 존경했던 어르신은 자그마치 90세였는데, 매일 아침 라디오로 영어와 독일어를 공부하고 계셨다. "외워도 금방 또 까먹어 버려."하고 웃으면서도 결코 포기하지 않는 노력가였다. 인터넷이 보급되지 않은 때여서, 편지를 나누는 친구가 전국에 500명이나 있었다. 그 중에는 손자뻘 되는 아이도 있어, 종종 만나서 얘기도 하고, 그 아이를 위해서 적게나마 저금도 하고 있었다. 그분은 아주 작은 친절에도 깊은 감사를 잊지 않으셨다. 늘 긍정적인 그분을 보며 나 역시 그러한 노년을 동경하곤 했다.

그런가 하면 전화할 때마다 불평만 하는 사람도 있었다. 그들의 불평불만은 대부분 자신의 가족에 대한 불만이다. 일방적으로 듣기만 하는 이야기라서 그들의 가족이 어떤 사람인지는 사실 모른다. 안됐다고 생각하면서도 이런 사람은 되고 싶지 않다고 생각했다. 그들은 나의 (② 반면) 교사였다. 반대로 작은 일에서 즐거움을 찾으려고 하는 사람들은 그리 불만을 늘어놓지 않았다. 취미생활로 바쁜 사람도 역시 그랬다. 그들과는 이런저런 얘기를 듣는 것뿐만 아니라 도움이 되는 이야기도 해 주어서 즐거운 시간이었다.

노인들은 몸이 점점 자유롭게 움직일 수 없게 되어서 연령이 높아질수록 정신적인 불안이나 스트레스가 커진다. 그렇기 때문에 누군가에게 기대고 싶어지는 것은 당연하다고 할 수 있지만, 불평만 하면 스스로도 주위 사람도 스트레스가 쌓여 버린다. 게다가 핵가족으로 생활하는 많은 젊은이들은 '늙는다'라고 하는 것이 어떤 일인지 그다지 이해하지 못하는 부분이 있을 것이다. 나도 그랬다.

어떤 노인의 이야기이다. 그 사람은 비가 떨어지는 지저분한 아파트에 살면서도 전혀 불평 한마디 않고, 이웃 사람이 천장에 비닐을 덮어 준 것을 무척 고마워했다. 그녀의 아파트를 방문한 나는 그 열악한 환경에 아무 말도 나오지 않았다. 그런데도 그녀는 소박한 행복을 느낄 줄 아는 사람이었다. 20마리가 넘는 고양이를 키우면서 자신의 먹을 것마저도 고양이에게 줘 버리는 할머니는 고양이와의 생활이 그녀의 전부였다. 늘 '내가 죽으면 고양이가 곤란해진다' 라고 걱정했지만, 내가 보기에는 고양이가 없으면 곤란해지는 건 그 할머니 쪽이었다. 누군가에게 필요한 사람이 되는 것은 사는 기쁨이란 걸 알았다.

많은 노인들과 이런저런 얘기를 하는 일은 그들의 생각과 생활을 배우는 좋은 기회였다. 무엇보다 행복한 '노인'이 되기 위해서는 어떻게 해야할지 배울 수 있었다고 생각한다. 지금 나는 그때 노인들의 연령에 가까워져 있다. 내가 젊었을 때 배운 것을 생활 속에 살려서 살아갈 수 있을지 어떨지는 아직 모른다. 하지만 젊을 때에 '노인'과 함께 하는 것에 대한 소중함을 다른 사람에게도 전하고 싶다고 생각한다.

質問 **1** **(①) 안에 들어갈 가장 적당한 말을 고르세요.**

1 방지하려
2 그만두려
3 도우려
4 피하려

質問 **2** **'적게나마'의 「ながら」와 같은 용법으로 쓰인 문장은 어느 것입니까?**

1 회사에 가면서 신문을 샀습니다.
2 처음이면서도 꽤나 잘해서 놀랐다.
3 수업을 받으면서 다른 생각을 했습니다.
4 그가 소리치면서 다가왔기 때문에 무서워졌습니다.

質問 **3** **(②) 에 들어갈 가장 적당한 말을 고르세요.**

1 반면
2 반대
3 단점
4 결점

質問 **4** **노인전화 상담원 일은 무엇입니까?**

1 전화로 노인이 별일 없는지를 체크한다.
2 노인이 곤란을 겪고 있으면 가서 도와준다.
3 노인이 죽지 않도록 매일 전화를 건다.
4 병든 노인을 찾는다.

質問 **5** **필자가 존경했던 노인은 어떤 사람입니까?**

1 말을 기억할 수 없게 되었던 사람
2 편지를 주고받는 상대와는 만난 적이 없었던 사람
3 90세인데도 공부를 계속하는 적극적인 사람
4 손자와 떨어져 혼자서 생활하고 있었던 사람

質問 **6** **필자는 어떤 노인이 되고 싶습니까?**

1 언제나 남을 의지하는 사람
2 불만을 말하지 않고 작은 일에도 감사하는 사람
3 의지할 사람이 전혀 없는 사람
4 어떤 때든 남에게 의지하지 않는 사람

|해설|

❶ **ただ確認**かくにん**すればいい** 그냥 확인만 하면 된다
~ばいい ~하기만 하면 된다

❷ **電話**でんわ**を切**き**るわけにはいかない** 전화를 끊을 수는 없다
동사의 기본형+わけにはいかない ~할 수는 없다
앞에 동사의 부정문이 놓이면 「~しなければならない(~해야 한다)」의 뜻이 된다.
- **妻**つま**も子供**こども**もいるから働**はたら**かないわけにはいかない。**
  아내와 자식이 있으니 일을 하지 않을 수 없다.

❸ **話相手**はなしあいて**になる** 이야기 상대가 되다
- **相手**あいて**になる(ならない)** 상대가 되다(안 되다)
- **相手**あいて**にする** 상대를 하다

❹ **手紙**てがみ**を出**だ**す** 편지를 부치다
❺ **~ざるをえない** ~하지 않을 수 없다, ~해야 한다 (= ~しなければならない)
❻ **~からみると** ~의 입장에서 보면

02

혈액형에 따른 성격 판별법이 일본만큼 성행하는 나라는 없습니다. 일본에는 A형 40%, O형 30%, B형 20%, AB형 10%로 모든 혈액형이 골고루 있습니다. 그러다 보니 혈액형으로 성격을 판단하려는 생각을 하게 된 것이겠죠. 그러나 세계에는 90%가 같은 혈액형을 가진 나라도 있습니다. 그 나라에서는 혈액형으로 성격을 판단한다는 생각은 아무도 하지 않을 겁니다. ①그런 말을 하면 웃고 말겠죠. 그래서 세상에는 혈액형에는 흥미가 없는 사람도 많고, 자신의 혈액형을 모르는 사람도 상당수 있습니다.

혈액형 성격 판별법에 나와 있는 내용을 읽어 보면 누구나 한두 개는 해당하는 것이 있습니다. 그렇다고 해서 "역시 A형이군." 하고 생각하면 곤란합니다. 인터넷에 혈액형을 맞추는 사이트가 있어 해 봤더니 실제 혈액형일 가능성이 가장 낮다는 결과가 나왔습니다. ②이 정도입니다.

'A형은 똑부러진다, O형은 마음이 넓다, B형은 타인에게 영향을 받지 않는다, AB형은 이중인격이다' 라는 심히 차별적인 내용도 있습니다. AB형이 이것을 읽는다면 틀림없이 의기소침해질 겁니다. 이 성격 판별법에서는 B형을 남에게 영향 받지 않는다고 썼지만, 다른 혈액형 성격 판별법에서는 종종 제멋대로라는 식으로 설명되기도 합니다.

하지만 한편에서 보면 똑부러진 성격도 역으로 보면 신경질적이라고도 할 수 있습니다. 마찬가지로 AB형은 이중인격이라고 심하게 표현하지만, 상황에 따라 행동할 줄 아는 좋은 머리를 가졌다고 칭찬하는 성격 판별법도 있습니다. 그래서 신경 쓸 필요 없다고 말하는 사람이 많은 거겠죠.

하지만 혈액형 성격 판별법에는 차별이 숨어 있습니다. 다수파의 혈액형에 주로 좋은 내용이 많기 때문에, 소수 그룹의 혈액형을 가지고 있어 불쾌한 경험을 하게 되는 사람이 있다고 합니다. 소수파 쪽이 좋지 않은 성격으로 강조된다는 겁니다. 어떤 일을 했을 때 "역시 ○○형이라 그렇군." 같은 부정적 이미지로 몰아붙여 버리면 기분이 나쁩니다. 그것이 신경 쓰여 자신의 혈액형을 비밀로 하는 사람조차 있다고 합니다. 텔레비전 프로그램 등에 유명인이 나와서 "남의 말을 듣지 않기 때문에 절대로 B형인 사람은 채용하지 않는다" 라고 말하거나 하면 그 영향력은 아주 큽니다. 그런 말은 역시 차별이라고 생각합니다. 그것이 일반인들에게 퍼져서 B형이나 AB형인 사람의 입장을 난처하게 하는 경우가 있기 때문입니다.

이쯤 되면 그대로 두고 볼 수도 없는 노릇입니다. 일본에서 혈액형 성격 판별법이 이렇게 유행하게 된 것은 1970년대부터로, 지금까지 많은 비판이 있었지만 줄곧 인기를 유지하고 있습니다. 왜 그렇게 인기가 있는 걸까요? 그것은 동료 의식 때문입니다. 똑같은 가치관으로 사람을 판단한다는 안도감이 있습니다. 싸움이 될 일도 없고 웃으며 넘기는 것이 보통입니다. 단순히 재미로 하는 것이니 별 문제없다고 생각하는 사람이 대부분입니다. 그렇다면 이것은 쉽게 사라지지는 않을 것입니다.

質問 ❶ **① '그런 말'이란 무엇입니까?**

1 그 나라의 90%의 사람들이 같은 성격이라는 것
2 다양한 혈액형의 사람이 골고루 존재한다는 것
3 혈액형으로 성격을 판별할 수 있는 것
4 일본에서는 혈액형으로 성격을 알 수 있는 것

質問 ❷ **② '이 정도'란 어떤 정도를 말합니까?**

1 바로 무슨 형인지 판별할 수 있을 정도로 간단한 정도
2 한두 개 정도 맞으면 괜찮은 정도
3 반드시 맞는 내용이 있는 정도
4 본인의 혈액형일 가능성이 가장 낮게 나오는 정도

質問 **3** **어째서 일본에서 혈액형 성격 판별법이 성행하고 있습니까?**

1 일본에서는 모두 자신의 혈액형을 알고 있기 때문에
2 오래 동안 지속되어 온 습관이기 때문에
3 통계에 근거한 것이므로 잘 맞기 때문에
4 A · O · B · AB의 혈액형을 가진 사람이 골고루 있기 때문에

質問 **4** **혈액형 성격 판별법의 문제점은 무엇입니까?**

1 혈액형 성격 판별법의 기준이 여러 가지이다.
2 혈액형 성격 판별법으로 차별 받는 일이 있다.
3 성격 판별법에 표리가 있다.
4 혈액형을 비밀로 하는 사람이 있다.

質問 **5** **이 글에 이어지는 글의 내용으로 가장 적당한 것은 어느 것입니까?**

1 혈액형 성격 판별법이 성행하는 이유의 분석
2 혈액형 성격 판별법 문제의 해결 방법
3 혈액형 성격 판별법을 좋아하는 사람의 심리 분석
4 혈액형 성격 판별법의 과학적인 이유

質問 **6** **필자가 가장 말하고 싶은 것은 무엇입니까?**

1 혈액형 성격 판별법은 사람을 상처입히므로 금지해야 한다.
2 혈액형 성격 판별법은 대다수의 판단 기준이다.
3 혈액형 성격 판별법은 사용하기에 따라서는 도움이 된다.
4 혈액형 성격 판별법은 차별을 낳을 때가 있다.

| 해설 |

❶ **嫌いやな思おもいをする** 안 좋은 경험을 하다
「嫌いやだ」는 사전적인 의미로는 '싫다'이지만 기본적으로는 심정적으로 싫거나 짜증나는 느낌을 말한다.
~思おもいをする ~한 일을 겪다
・ **さびしい思おもいをする** 외로움을 느끼다 ・ **ひどい思おもいをする** 몹시 심한 일을 겪다

❷ **その場ばに応おうじて** 그 상황에 따라서
명사+に応じて ~에 따라서

❸ **批判ひはんがおこる** 비판이 일다

03

1년간 발생한 이지메 사건의 수는 초 · 중 · 고교를 합쳐 약 7만 건이었다. 최근 문제가 되고 있는 등교를 거부하는 아이들도 전국의 초 · 중학교에서 연간 12만 건에 이른다고 한다. 이지메 문제는 자살자가 나오거나 하면 뉴스거리가 되지만, 자살할 정도가 아니더라도 고통받는 아이들은 많다. 이 숫자는 ①빙산의 일각일 것이다.

이지메 이야기를 (들을 때마다), 아들이 이지메 당했을 때의 일이 생각난다. 초등학교 3학년 때의 일이었다. 새로 온 여선생은 매우 열심이어서 부모들의 평판도 좋았다. 어느 날 아들이 "선생님하고 점심을 같이 먹는 건 싫어."라고 말하기에 이유를 물었다가 아이가 친구들에게서 따돌림을 당하고 있다는 사실을 알게 되었다. 친구가 없다는 뜻은 아니다. 그 반대로 쉬는 시간은 가장 신나는 시간이었다. 문제는 수업과 점심시간이었다.

(A) 그 이후로는 매일이 고통이었다. 점심 식사는 선생님과 마주 앉아서 먹는다. 수업 중에 그룹 활동이 있을 때는 혼자 해야 했다. 나는 정말이지 담임에게 이야기를 하러 갈까도 생각했지만, 좀 더 상황을 지켜보기로 했다. 매일 아들이 돌아오면 학교 생활에 대해 여러 가지 이야기를 했다. 그리고 이야기 끝에는 "그 일은 싫었겠지만, 그건 즐거웠겠구나? 나쁜 일만 있었던 건 아니지."하며 즐거운 일을 찾아내는 게 습관이 되었다.

(B) 어느 날 아이가 "오늘 거짓말을 했다고 마에다가 혼났어."하고 말했다. 양호 선생님께 제출해야 하는 것이 있었던 모양이다. 확실하게 제출했는지 담임 선생님이 아이들에게 확인을 했는데, 전원이 제출했다고 대답했나 보다. 그런데 사실은 어느 여자아이가 내지 않았던 것이다. 양호 선생님에게 이야기를 듣고, 담임은 창피를 당했던 것 같다. 그 아이는 선생님이 무서워서 아무 말도 못했던 게 틀림없다. 아들처럼 혼자 따돌림 당하고 싶지 않았는지도 모른다.

(C) 이젠 어떻게든 해야 한다고 생각했다. 그런데 내가 행동하기 전에 나홀로 그룹은 없어졌다. 아들의 물건 챙기기를 깜박하는 행동이 나은 건 아니다. 그룹 하나가 5명이 되었기 때문이다. 또 그룹의 공동 책임도 없어졌다. 이 공동 책임이라는 발상은 실수한 아이를 다른 아이가 책망하게 되기 쉬워서 아이들의 관계를 나쁘게 하는 것이라고 생각한다. 그러니 이런 건 그만두었으면 좋겠다.

(D) 어느 날 아들의 담임이 이렇게 말했다. "만약 누군가가 준비물을 잊고 안 가져오면 그 그룹 전부의 책임으로 하겠어요." 그리고 4명씩 한 그룹을 만들게 되었다. 학생 수는 4로 나누면 한 사람이 남는 수였다. ②여느 선생이라면 5명을 한 그룹으로 만들었을 텐데 그녀는 그렇게 하지 않았다. 아마도 모두에게 '잘못을 한 아이는 이렇게 된다' 라는 본보기를 삼으려 했을 것이다. 늘 깜빡하는 아들을 그룹에 넣지 않았다.

(E) 몇 년이 지나 나는 이 경험을 동화로 만들었다. 동화 속에서 용기 있는 여자아이가 "5명이 한 그룹을 만들면 되잖아요."하고 말하게 했다. 현실에서는 선생님에게 그런 말을 할 수 있는 3학년 아이가 있으리라고는 생각하지 않지만, 동화를 읽은 사람들이 한 번쯤 생각해 봐 줬으면 했던 것이다.

質問 **1** **단락을 바른 순서가 되도록 나열하세요.**

1 (B) → (D) → (A) → (C) → (E)
2 (D) → (A) → (B) → (C) → (E)
3 (D) → (A) → (C) → (B) → (E)
4 (E) → (D) → (A) → (B) → (C)

質問 **2** **① '빙산의 일각'을 나타내는 그림은 어느 것입니까?**

1
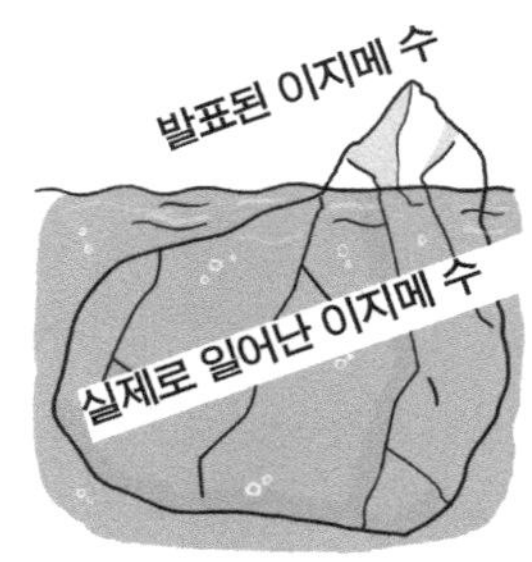

質問 **3** **② '여느 선생'이란 어떤 선생입니까?**

1 평판이 좋은 선생
2 열성적인 선생
3 어디에나 있는 선생
4 상식이 있는 선생

質問 **4** **(   ) 에 들어갈 가장 적당한 말을 고르세요.**

1 들을 때마다
2 들으면서
3 들으면
4 듣자마자

質問 **5** **아들의 성격은 어떻습니까?**

1 물건을 자주 깜빡 잊는다.
2 공부를 싫어한다.
3 친구가 없다.
4 선생님을 싫어한다.

質問 **6** **필자는 어떤 행동을 했습니까?**

1 매일 아들의 이야기를 듣고 선생님에게 화를 냈다.
2 그날 있었던 일을 좋은 일과 나쁜 일로 나누어 주었다.
3 선생님에게 그만두라고 말하러 갔다.
4 매일 학교에서의 즐거웠던 일을 아들이 찾아내게 했다.

|해설| ❶ ニュースになる 화제가 되다
❷ 嘘うそをつく 거짓말을 하다
❸ 恥はじをかく 창피를 당하다
❹ ~に違ちがいない ~임에 틀림없다, 틀림없이 ~하다
❺ 何なんとかする 어떻게든 하다
❻ 仲なかを悪わるくする 사이를 나쁘게 하다
仲なかがいい 사이가 좋다
❼ 仲間なかまはずれされる 집단 따돌림을 당하다

04

(A) 경제적 문제만이 아니라, 육체가 쇠약해져 스스로 생활할 수 없게 되는 노인들이 많아지면 그것을 지탱해야 할 사람도 많이 필요해진다. 아이가 줄어 노동력이 부족해지는 미래에, 이것도 커다란 불안 요소가 된다. 지역 차도 있다. 앞으로 전국에서 고령화가 진행되겠지만, 대도시에서는 그 비율이 낮다. 그 외의 지역에서는 비율이 높아져서 노인밖에 없는 지역도 증가한다.

(B) 갑자기 고령화가 진행되면, 국민 연금은 현재 근로자들이 내는 보험료로 충당되고 있기 때문에, 연금 제도가 무너져 버릴 우려가 있다. 지금과 같은 수준의 연금을 계속 지급하려면 보험료를 현재 수준의 배로 올려야 하는데, 도저히 부담할 수 없는 액수라고들 한다. 연금 제도를 (① 서둘러 바꾸지 않으면 안 되는 것이다).

(C) 통계에 따르면 일본의 고령화율은 1980년대까지는 선진국 중에서는 하위였다. 또 1990년대에도 거의 중위권이었는데, 현재는 23.1%까지 올라, 거의 4명 중 한 명 꼴로 65세 이상이 되었다. 이 경향은 한층 진행되어 2015년에는 26%, 2050년에는 37.5%가 될 것으로 보여, 노인국이 되리라는 전망이다. 원인으로는 평균 수명이 늘어난 것과 여성의 출산률 저하를 들 수 있다.

(D) 또 저출산 고령화는 국가 경쟁력을 약화시키고, 경제 성장률도 떨어져 버린다. 그렇다면 개인적으로는 어떻게 하면 될까? 많은 사람들은 국가가 우리를 돌봐줄 수 없다고 생각한다. 그러나 건강하다면 대부분의 문제는 해결 가능하다. 나라 전체의 의료비도 줄일 수 있다. 저출산으로 노동력이 부족해질 테니 일하며 돈을 벌 수도 있다. 지금까지처럼 장시간 노동이 아니라, 마음대로 즐기면서 일하고 싶다. 자원봉사도 좋다. 이것도 사회 전체로 보면 비용을 줄이는 셈이 된다. 개인의 삶의 방식이 사회에 영향을 미치는 시대가 될 것이다.

(E) 연금과 동시에 부담이 늘기만 하는 의료비 문제도 시급히 해결해야 한다. 노인은 (② 병을 앓기 쉬워) 의료비가 든다. 노인 의료비는 매년 9% 전후로 증가하고 있어서 의료비 전체의 37%나 차지하고 있다. 그것을 모두가 함께 부담하고 있는데, 이것도 보험료를 내는 인구가 줄면 불가능해진다.

質問 ❶ **(A) (B) (C) (D) (E)를 바른 순서대로 나열하세요.**

1 (B) → (E) → (C) → (A) → (D)
2 (C) → (B) → (E) → (A) → (D)
3 (C) → (B) → (A) → (E) → (D)
4 (C) → (D) → (B) → (E) → (A)

質問 ❷ **(①) 에 들어갈 가장 적당한 말을 고르세요.**

1 서둘러 바꾸는 게 좋다
2 바꾸는 것이 요구될 것이다
3 바꾸는 것이 시급히 요구되는 이유이다
4 서둘러 바꾸지 않으면 안 되는 것이다

質問 ❸ **(②) 에 들어갈 가장 적당한 말을 고르세요.**

1 병을 앓기 쉬워
2 병색이 있어
3 병투성이
4 병투성이

質問 ❹ **일본의 고령화에 대해 설명하고 있는 것은 어느 것입니까?**

1 현재 약 4명 중 한 명이 65세로, 2015년까지 그 비율은 변하지 않는다.
2 앞으로 고령화는 대도시를 제외한 전 지역에서 일어난다.
3 장수하는 사람이 늘고 아이가 태어나지 않아 고령화가 진행되었다.
4 1990년대에는 이미 세계적으로도 고령화가 진행되고 있는 나라였다.

質問 ❺ **고령화가 진행되면 어떻게 됩니까?**

1 노인을 돌보는 사람이 많이 필요해지고 연금을 받을 수 없게 된다.
2 국가 비용을 줄이기 위해 자원봉사를 해야 한다.
3 국가의 힘이 약해져서 경제성장률도 떨어지므로 일자리가 줄어든다.
4 의료나 연금 등을 바꿀 필요가 생긴다.

質問 ❻ **고령화 사회에 대한 필자의 의견은 어느 것입니까?**

1 연금이 적으므로 지금과 비슷하게 일해야 한다.
2 즐거움을 위해 일하거나 자원봉사를 하면 된다.
3 생활을 지탱해 줄 사람이 부족할 때는 자원봉사자가 하면 된다.
4 국가에 의존하지 않는 편이 좋다.

|해설| ❶ **材料**ざいりょう**になる** 소재가 되다
❷ **4人に1人** 네 명(중)에 한명
여기서 「に」는 주기적 · 규칙적 · 반복적인 사항을 나타낸다.
「**一週間**いっしゅうかん**に1回**いっかい(일주일에 한 번)」, 「**一年**いちねん**に一度**いちど(1년에 한 번)」 등도 마찬가지다.
❸ **とても ~ない** 도저히 ~하지 않다
「とても」가 부정문과 함께 쓰이면 '도저히, 도무지'의 의미가 된다.
❹ **~であれば** ~하다면
❺ **~一方**いっぽう**だ** 계속 ~하기만 하다
어떤 상태나 현상이 계속 진행되고 있는 것을 나타낸다. 「一方いっぽうだ」 앞에는 주로 변화를 나타내는 동사를 쓴다.

05

(A) 동물원은 아이들에게 인기 있는 장소다. 그러나 예전만큼은 사람들이 찾지 않게 되었다. 어느 동물원이나 입장객이 줄고 있어 근심의 (원인)이 되고 있다.

(B) 동물원하면 도쿄의 우에노 동물원을 첫째로 꼽는다. 1883년 일본 최초로 개장한 동물원인데, 유명한 판다를 비롯해 각양각색의 동물이 약 495종류 2,700마리나 있다. 입장객도 연간 300만 명 이상 되는 일본 제일의 동물원이다.

(C) 그런데 현재 가장 주목받고 있는 곳은 홋카이도 아사히카와시에 있는 아사히야마 동물원이다. 이 자그마한 동물원이 작년 7~8월 입장객 수에서 우에노 동물원을 앞질렀다.

(D) 1996년에는 불과 26만 명 수준까지 줄었던 입장객이 2006년에는 약 300만 명까지 증가했다. 이 동물원은 희귀한 동물이 있는 것은 아니지만, 동물이 본래 가진 능력을 발휘하게 함으로써 생동감 있는 모습을 보여주어 인기를 모으고 있다고 한다. 동물을 선보이는 데에 다양한 아이디어를 낸 것이다. 행동 전시라는 방법이라고 한다. 물론 아이들에게는 큰 인기다.

(E) 예를 들어, 오랑우탄은 높은 곳을 좋아하는 동물이어서 17미터 정도 높이에 줄을 달았다. 그곳을 오랑우탄이 건너는 것은 자연스러운 행동이지만, 아무 동물원에서나 볼 수 있는 건 아니다. 또 하루에 수차례 있는 '우물우물 타임'이라는 오랑우탄의 식사 장면도 독특하다. 사육의 뒷면을 일부러 보여주는 것이다.

(F) 다른 동물도 그냥 먹이를 주는 게 아니라 먹이를 간단히 손에 넣지 못하도록 하고 있다. 숨겨진 먹이를 찾기 위해 나무를 오르내리고, 자연에서처럼 나무 열매 등도 스스로 여기저기서 주워 모아야 한다. 그런 모습을 보는 것도 즐겁다.

(G) 펭귄과 바다표범이 헤엄쳐 다니는 모습을 수중 터널에서 볼 수 있다. 겨울에는 펭귄이 동물원 안을 산책한다. 그 것는 모습이 아이들에게 굉장히 인기있다고 한다. 또, 종래에는 새가 날아가 버리지 않도록 깃털 일부를 잘라냈었는데, 인간이 새장 안에 들어가서 새가 자연 그대로의 모습으로 날아다니는 모습을 볼 수 있다. 또는 사자 등 맹수 우리 바로 밑에 동굴 같은 견학로가 준비되어 눈

앞에서 맹수를 보는 것도 가능하다. 너무나 가까워서 무서울 정도이다. 정말 지금까지와는 다른 방향과 거리에서 동물을 볼 수 있어서 즐겁다.

(H) 이런 아이디어는 모두 매일 동물을 돌보고 있는 사육사들이 생각해낸 것이라고 한다. 일부 동물만이 아니라 약 150종류 800마리의 모든 동물에 시행하고 있다고 하니 놀랍다. 또 동물들의 상태를 설명하는 그림이나 문장도 사육사들이 직접 준비하고, 손님에게 동물을 설명하는 등 적극적이다.

입장객 감소로 고민하는 전국의 동물원이 아사히야마를 참고로 비슷한 행동전시를 시작한 것은 당연하다. 머지않아 지금까지보다 훨씬 재미있는 동물원이 전국에 많이 늘어날 것이다.

質問 1 (　　) 에 들어갈 가장 적당한 말을 고르세요.

1 꽃
2 원인, ~거리
3 열매
4 잎

質問 2 다음 단락은 어디에 들어가면 좋을까요?

> 동물원에서 우리가 흔히 볼 수 있는 것은 할일 없이 따분하게 엎드려 있는 동물들의 모습이다. 그러나 아사히야마에서는 다르다. 우리가 본 적도 없는 동물 본래의 행동을 볼 수 있다.

1 (B)와 (C)의 사이
2 (C)와 (D)의 사이
3 (D)와 (E)의 사이
4 (G)와 (H)의 사이

質問 3 일본의 동물원에 대해 서술하고 있는 것은 어느 것입니까?

1 작년 1년간 아사히야마 동물원의 입장객은 우에노 동물원을 앞섰다.
2 전국에서 아사히야마 동물원과 같은 '행동전시'를 시작하게 되었다.
3 우에노 동물원은 가장 역사 깊은 유명한 동물원이다.
4 어느 동물원이나 입장객이 줄었었는데 최근 입장객 수가 늘기 시작했다.

質問 4 아사히야마 동물원은 어떤 동물원입니까?

1 우에노 동물원보다 동물의 종류와 수도 적고 좁은 동물원이다.
2 행동전시라고 하는 동물의 행동을 보여주는 방법으로 성공했다.
3 동물의 재미난 행동을 보여주기 위한 여러 가지 아이디어가 발휘되고 있다.
4 행동전시 덕분에 입장객이 적은 시기의 2배로 늘었다.

質問 **5** **'행동전시'란 어떤 것입니까?**

1 동물을 만지거나 안아 볼 수 있다.
2 바로 옆에서 동물을 볼 수 있다.
3 동물이 배운 것을 그대로 한다.
4 동물의 자연스러운 행동을 보여준다.

質問 **6** **많은 동물이 행동전시로 어떻게 바뀌었습니까?**

1 잠을 자는 일이 없어졌다.
2 돌봐 주는 사람이 말하는 대로 행동해야 한다.
3 자주 움직이게 되었다.
4 먹이를 찾아다녀야 하기 때문에 지쳐 버렸다.

|해설| ❶ ~の種たね 어떤 일이나 사건의 빌미 혹은 발단, 원인
❷ 紐ひもを張はる 끈을 달다, 줄을 치다
❸ 餌えさを与あたえる 먹이를 주다

06

(A) 지구에서 사람의 손이 닿지 않은 숲은 문명이 시작되었다고 하는 8000년 전에 비해 80%가 감소했다고 합니다. 지금도 열대림에서 매년 1420만 헥타르의 숲이 소실되고 있습니다. 이 면적은 일본 혼슈의 약 3분의 2에 상당하여, 10초마다 도쿄 돔 1개 분의 삼림이 사라진다는 계산입니다. 원인은 밭을 만들기 위해 태우거나 식사 준비를 위해 쓰거나, 건축이나 종이의 재료 등에 사용하기 때문입니다. 인간의 활동이 삼림에 영향을 미치고 있는 것입니다. 이외에 최근에는 산성비에 의한 피해도 커졌습니다.

(B) 삼림이 없어지면 자연 환경이 악화됩니다. 나무가 없으면 영양분이 있는 흙도 비와 함께 쓸려가 버립니다. 빗물이 바로 하천으로 흘러들어 물이 넘칠 우려가 있습니다. 삼림에 내린 비는 흙 속에 저장되기 때문에 비가 오지 않아도 하천의 물이 마르는 일은 없습니다. 게다가 삼림이 없으면 공기 중의 수분이 부족해져 비가 자주 내리지 않게 됩니다. 그리고 비가 내리지 않기 때문에 (점점 더 땅이 건조해져서 식물이 자라지 못합니다). 결국은 사막화되어 버립니다. 이런 상황이 반복됩니다.

(C) 또 삼림의 나무는 빛이 닿으면 공기 중의 이산화탄소(CO_2)를 흡수하고 산소(O_2)를 내뿜어 지구를 지킵니다. 이산화탄소의 증가는 지구 온난화의 원인이 됩니다. 열대지방 삼림에는 지구 생물의 3분의 2 이상의 종류가 살고 있다고 합니다. 삼림이 소실되면 이들 생물도 살아갈 수 없습니다.

((D) 해마다 줄어드는 삼림을 지키기 위해 여러 가지 사업이 시작되었지만, 그곳에 사는 사람들의 생활도 생각해야 합니다. 사막화를 막기 위해 아무리 나무를 심어도, 바로 베어내 음식을 익히거나 굽는 데 써 버린다는 이야기를 자주 듣습니다. 또 가난한 사람들이 생활을 위해 나무를 베어다 파는 것을 막기도 어려운 일입니다.

(E) 예를 들면 종이를 만드는 원료로 세계의 목재 40%를 사용하고 있는데, 중국에서는 종이의 80%를 목재 이외의 재료를 써서 만들고 있습니다. 목재 대신 다양한 재료를 이용할 수가 있습니다.

(F) 목재 관련의 세계 무역은 연간 1,000억 달러 이상이고, 그것이 급속하게 증가하고 있다고 합니다. 최근 25년 사이에 세계의 종이 소비량은 3배가 되었습니다. 그리고 앞으로 15년 동안 종이의 수요는 더 늘어 배에 가까워지리라는 예상이 나오고 있습니다. 종이의 소비를 줄이는 노력을 해야 합니다.

(G) 건축 재료도 재활용하면 소비를 상당량 줄일 수 있습니다. 일본에는 목조 건축물이 많은데, 30년 정도에 허물면 나무의 소비량은 늘어납니다. 옛날 집들처럼 100년쯤은 살 수 있는 집이었으면 좋겠습니다. 그것이 무리라면 집을 부술 때 목재를 쓰레기로 만들지 않도록 재활용 할 필요가 있습니다.

質問 1 (　　　) 에 들어갈 가장 적당한 말을 고르세요.

1 점점 더 땅이 건조해져서 식물이 자라지 못합니다
2 점점 공기 중의 수분이 줄어 나무가 자라지 못합니다
3 점점 더 흙 속의 수분이 말라 식물을 키울 수 없습니다
4 점점 흙 속의 수분이 줄어 나무를 키울 수 없습니다

質問 2 이 글의 단락에서 순서가 바뀐 곳은 어디입니까?

1 (B)와 (C)
2 (D)와 (E)
3 (E)와 (F)
4 (F)와 (G)

質問 3 삼림이 줄어드는 큰 원인은 무엇입니까?

1 옛날부터 산성비의 피해가 크기 때문에
2 인간이 숲 속에서 생활하는 것을 막을 수 없기 때문에
3 인간 생활 전체가 삼림이 줄고 있는 것과 관계가 있기 때문에
4 농업을 위해 태울 뿐만 아니라 나무의 사용이 늘고 있기 때문에

質問 ❹ **삼림이 줄면 어떤 영향이 있습니까?**

1 종이를 나무로 만들 수 없게 된다.
2 지구의 3분의 2 이상의 생물이 살 수 없게 된다.
3 비가 내렸을 때 하천의 물이 범람하거나 반대로 비가 잘 오지 않게 된다.
4 농사에 적당한 땅이 없어져 태워서 밭을 만들어야 한다.

質問 ❺ **삼림을 지키기 위해 어떻게 하면 됩니까?**

1 베어낸 나무의 연령과 같은 년 수의 나무를 사용하게 한다.
2 중국처럼 종이의 원료에 목재 사용을 금지한다.
3 생활을 위해 나무를 베지 못하게 한다.
4 종이의 원료를 목재 이외의 것으로 사용한다.

質問 ❻ **이 글의 마지막에 이어지는 문장으로 적당한 것은 어느 것입니까?**

1 다소 돈이 들더라도 삼림을 지킬 수 있습니다.
2 돈을 들이면 삼림을 지키는 유익한 일을 할 수 있습니다.
3 돈이 들더라도 재활용하면 삼림을 지키는 데 도움이 됩니다.
4 돈을 들여 재활용하면 삼림의 감소를 다소 늦출 수 있습니다.

| 해설 |

❶ ~による ~에 의하다, ~에 따르다

❷ 光ひかりが当あたる 빛이 닿다

❸ 동사의 기본형 · 과거형＋そばから ~하자마자
「~やいなや」와 비슷한 의미로 쓰는데, '도무지 노력해 봐도 결국 ~하자마자 어떤 일이 벌어져 버린다'는 느낌을 나타낸다.
習ならったそばから忘わすれてしまう 배우자마자 잊어버린다.

❹ 家いえに住すみたいものです 집에 살고 싶습니다
「~たいものだ」의 「もの」는 감탄의 기능을 한다. 「たい」와 함께 쓰여 '바람 · 희망'을 나타낸다. 단, 순간적인 소망보다는 지속적인 사항에 대해 쓴다.

❺ 동사의 기본형＋の代かわりに ~대신에

07

(A) 1995년 스웨덴에서 무료 일간지 '메트로'가 탄생했다. 그 이후로 메트로는 유럽의 주요 도시에 급속도로 퍼져, 현재는 유럽, 미국, 한국, 중국 등지에서도 발행되고 있다. 또 메트로의 성공에 자극을 받거나 또는 혹은 그것과 경쟁하기 위해 다른 무료 신문이 잇따라 발행되고 있다.
(B) 이 때문에 유료 신문이 발행 부수를 줄이고 있다. 차별화 되는 신문은 그래도 괜찮지만, 무료 신문과 내용이 별반 다르지 않은 신문일수록 타격을 받는다. 한국에서는 유료 신문의 매출이 현격히 줄고, 역의 신문 판매점, 신문 배달 등 신문 관련의 모든 것에 영향을 미치고 있다고 한다.

(C) 무료 신문의 발행 부수가 늘고 있는 것은 물론 무료라는 점이 최대의 이유일 것이다. 그 밖에도 역에 쌓여 있기 때문에 집어 가기 쉽다, 작기 때문에 전철 안에서도 읽기 좋다, 들고 다니기 편하다 등의 이유가 있다. 그리고 무엇보다 중요한 것은 내용이다. 무료신문이라고 (① 해도), 정식으로 발간되는 신문과 그리 차이가 없다. 매일 국제뉴스, 국내 뉴스를 빠짐없이 싣고 있기 때문에 일부러 돈을 내고 신문을 살 필요가 없는 것이다.

(D) 무료 신문이 등장했을 때, 신문 관계자는 다양한 반응을 보였다. 파리에서는 무료 신문을 강에 던져 버리는 사건이 일어났다. 미국에서는 신문사 스스로 무료 신문 발행을 시작했다. 심지어 유료 신문을 무료 신문으로 전환한 사례도 있다.

(E) 그러나 지금 일본은 이런 세계의 흐름에서 벗어나 있다. 무료 신문은 일본에도 있지만, 대부분이 일주일에 한 번만 발행된다. 내용도 지역의 정보지 수준에 머물러 있고, 광고가 많다. 역에서 나누어 주고 있지만 지역 정보, 특히 음식점의 할인 쿠폰을 원하는 사람이 받아 가고 있는 것 같다.

(F) 그러나 일본의 무료 신문도 (② 머지않아) 다른 나라와 같은 방향으로 바뀌지 않을까?

質問 **1** **(①) 에 들어갈 가장 적당한 말을 고르세요.**

1 해서
2 해도
3 하면
4 하면서

質問 **2** **(②) 에 들어갈 가장 적당한 말을 고르세요.**

1 어느 쪽이
2 어느 쪽
3 어느 것이나
4 머지않아

質問 **3** **다음 단락은 어디에 넣으면 됩니까?**

> 젊은 사람들이 신문을 읽지 않게 된 것은 세계적인 경향이다. 무료 신문이 신문을 읽지 않는 젊은이들을 줄일 수 있다는 의견도 있다. 읽는 사람의 70%가 20대에서 40대다. 앞으로도 무료 신문은 계속 확산될 것으로 보인다. 인터넷 시대를 맞아 뉴스는 무료라는 것이 시대의 흐름이 되고 있는 것일까?

1 (B)와 (C)의 사이
2 (C)와 (D)의 사이
3 (D)와 (E)의 사이
4 (E)와 (F)의 사이

質問 ❹ **외국에서 무료 신문이 늘고 있는 이유는 어느 것입니까?**

1 일반지를 무료로 전환한 것이기 때문에
2 유료이기 때문에
3 어디에든 있어서 손쉽게 손에 넣을 수 있기 때문에
4 전철 안에서 읽기 쉬운 크기이기 때문에

質問 ❺ **외국과 일본의 무료 신문의 차이는 무엇입니까?**

1 외국은 매일 발행되지만 일본에서는 일주일에 한 번밖에 발행되지 않는다.
2 외국은 일본만큼 가게의 할인 쿠폰이 붙어있지 않다.
3 외국은 이른바 신문이지만 일본은 정보지이다.
4 외국은 모든 뉴스가 실려 있지만, 일본은 국내뉴스뿐이다.

質問 ❻ **무료 신문은 어떤 영향을 주었습니까?**

1 무료 신문이 뉴스는 무료라는 인식을 확산시켰다.
2 유료 신문이 팔리지 않게 되는 등 악영향만 주고 있다.
3 무료 신문을 발간하게 된 유료 신문사도 생겼다.
4 나라에 따라서는 유료 신문이 없어져 버리기도 했다.

| 해설 |
❶ 刺激しげきされる 자극을 받다
❷ ~はまだいい ~는 그래도 아직 괜찮다
❸ 手てに取とりやすい 손으로 집기 쉽다
手てに取とる 손으로 집다, 손에 넣다
동사의 ます형+やすい ~하기 수월하다, ~하기 편하다

08

최근 50년간 일본에서 발생한 지진 건수를 평균하면, 1년 동안에 진도 8이 0.06건, 7이 1건, 6이 10건, 5가 73건, 4가 284건이라고 한다. 매일같이 일본 어딘가에서 지진이 일어나고 있는 셈이다. 그래서 일본인은 웬만한 진동에는 놀라지도 않는다.

(A) 하지만 지진이 없는 나라의 사람이 일본에서 처음 지진을 경험하게 되면 대부분은 놀라서 밖으로 도망가려고 한다. 그런데 이것은 위험하다. 큰 지진의 경우 위에서 무엇이 떨어질지 모르기 때문에 집안에 있는 편이 안전하다고 한다. ①너무 오래된 집이라면 꼭 그렇지만도 않겠지만.

(B) 만약 밖에 있을 경우, 창문 유리가 떨어질 가능성이 높기 때문에 빌딩 근처가 가장 위험하다. 방에 있을 때는 튼튼한 테이블이나 책상 아래 같은 곳이 안전하다. 또 지진이 일어나면 먼저 불을 끄라고 어릴 때부터 들었지만, 작은 지진이라면 몰라도, 큰 지진일 때는 몸을 가누는 것도 힘에 부친다. 불을 끄려다가 오히려 화상을 입거나 다칠 수도 있기 때문에 무리하면 안 된다. 또, 중요한

것은 맨션 등에서는 문을 여는 일이다. 지진으로 문의 모양이 뒤틀려 열리지 않게 될 염려가 있기 때문이다.

(C) 예를 들어 큰 가구는 넘어지지 않도록 고정해 둔다. 물이나 식료는 2~3일분을 준비해 둔다. 대피할 장소는 지역마다 정해져 있으니, 확인해 두는 것도 중요하다. 전화도 끊길 수 있으므로 대피 장소는 미리 정해 둔다.

(D) 어느 조사에 따르면 ②뜻밖의 물건들이 도움이 되었다고 한다. 1위는 휴대용 가스렌지, 2위 손전등, 3위 라디오, 4위 물, 5위 보존 식품이었다. 여기까지는 사람들이 대개 생각해 낼 수 있는 것들이다. 그런데 랩, 손난로, 비닐봉지, 물티슈 등은 좀처럼 생각해내기 어려운 것들이다.

(E) 랩을 어디에 사용하느냐 하면 물이 부족해 식기를 씻을 수 없기 때문에 접시나 밥그릇 위에 랩을 깔고 그 위에 음식을 올려놓고 먹는다고 한다. 목욕을 할 수 없기 때문에 물티슈는 몸을 닦는데 유용하다. 손난로는 겨울에 필요하다. 비닐봉지는 물을 나르는데 사용한다. 양동이에 담는 경우라도 비닐 주머니에 넣어서 위를 묶어 담으면 물이 넘치지 않는다. 실제로 큰 지진을 경험한 사람들의 의견인 만큼 귀중한 정보다.

그러나 항상 ③지진에 대비하는 사람은 생각보다 적다. 큰 지진 직후에는 주의 의식이 높아지지만, 얼마 지나면 잊어버린다. 지진이 일어났을 때 당황하는 일이 없도록 대비해야겠다.

質問 1 다음 단락은 어디에 들어가면 좋을까요?

큰 지진이 일어날지도 모른다고들 하는데, 이 말을 들을 때는 신경을 쓰지만 시간이 지나면 쉽게 잊어버린다. 그러나 언제 일어날지 모르기 때문에 더더욱 여러 가지를 준비해 두어야 한다.

1 (A)의 뒤
2 (B)의 뒤
3 (C)의 뒤
4 (E)의 뒤

質問 2 일본인이 웬만한 진동에는 놀라지 않는 이유는 어째서입니까?

1 매일 지진을 느끼기 때문에
2 큰 지진은 1년에 한 번밖에 오지 않는다는 것을 알고 있기 때문에
3 지진의 무서움을 모르기 때문에
4 작은 진동은 괜찮다는 것을 알기 때문에

質問 3 ① '너무 오래된 집이라면 꼭 그렇지만도 않겠지만'라고 쓰여 있는데 어떤 뜻입니까?

1 오래된 집에는 살지 않는 게 좋을 것이다.
2 오래된 집의 경우는 밖으로 도망가는 게 좋을 것이다.
3 집은 오래되면 망가질 것이다.
4 오래된 집 안이라도 안전할 확률은 높을 것이다.

質問 ❹ ② '뜻밖의 물건'이란 무엇입니까?

1 휴대용 가스렌지
2 손전등
3 라디오
4 랩

質問 ❺ 조사에서 언급하지 않은 것은 무엇입니까?

1 랩을 식기 대신 사용할 수 있다.
2 추위를 막는 물건도 준비하는 게 좋다.
3 비닐봉지가 도움이 된다.
4 경험자의 의견은 귀중하다.

質問 ❻ ③ '지진에 대비하는 사람은 생각보다 적다'라고 쓰여 있는데 어째서입니까?

1 큰 지진이 일어난 후, 시간이 지나면 지진은 오지 않는다고 생각하기 때문에
2 큰 지진이 일어났다는 사실을 잊어버리기 때문에
3 큰 지진이 일어날지도 모른다는 사실을 잊어버리기 때문에
4 큰 지진이 있은 후, 큰 지진이 오는 일은 없을 거라고 생각하기 때문에

|해설|
❶ そうもいかない 꼭 그렇지만도 않다
❷ 火ひを消けす 불을 끄다
❸ ~ならともかく ~라면 몰라도
❹ 火傷やけどをする 화상을 입다
ケガをする 다치다
❺ 揺ゆれが収おさまる 흔들림이 진정되다, 진동이 멎다
❻ 思おもいもかけない 뜻밖이다, 생각지도 못하다, 의외다
❼ ~がちだ ~하는 경향이 많다, 쉽게 ~한다
주로 부정적인 일에 사용한다.
病気びょうきがちの子供こども 자주 병을 앓는 아이

09

나라에 (① 따라서) 식사의 매너가 다를 때가 있습니다. 한국에서는 밥그릇을 손에 들고 먹으면 나쁜 버릇이라는 소리를 듣지만, 일본에서는 반대로 내려놓고 먹으면 예의 바르지 못하다고 합니다. 또 일본인은 국수, 우동, 라면 등의 면류를 먹을 때 소리를 냅니다. 그것은 일본인에게 (② 있어서)는 매우 맛있는 소리지만, 식사 중에 소리를 내지 말라고 교육하는 나라의 사람에게는 몸서리칠 만큼 싫은 소리일 겁니다. 그러므로 그런 습관을 아는 것은 서로를 이해하는 데 중요하다고 생각합니다. 그렇다고 해서 일본인과 아주 똑같이 할 필요는 없습니다. 식사법을 모를 때는 물어보

는 게 제일입니다. 가게 사람들도 기꺼이 가르쳐 줄 것입니다.

일본의 기본적인 식사법은 '나온 대로 되돌려놓는다'입니다. 뚜껑이 덮여 있는 그릇은 다 먹고 나면 처음 음식이 나왔을 때와 똑같이 뚜껑을 덮습니다. 이것은 차를 마실 때도 같습니다. 또 젓가락질에도 나쁜 버릇이라는 게 있습니다.

1 さぐり箸	식기 속의 내용물을 뒤적거리며 먹는 것. 특히 스키야키나 전골요리를 먹을 때 주의한다.
2 さし箸	음식에 젓가락을 꽂는 것. 사람이 죽었을 때 밥에 젓가락을 꽂아 두는 습관이 있다. 음식이 크면 작게 잘라서 먹는다.
3 涙箸	간장이나 국물을 젓가락 끝으로 똑똑 떨어뜨리는 것.
4 ずぼら箸	한 손으로 젓가락과 밥그릇 등을 동시에 드는 것. 젓가락이나 그릇을 떨어뜨려서 깨뜨릴 위험이 있다.
5 渡し箸	젓가락을 식기 위에 걸쳐 두는 것 . 식사가 끝났다는 뜻이 된다. 젓가락은 젓가락 받침에 올려 둔다. 받침이 없을 때는 젓가락이 들어 있던 케이스로 받침을 만드는 사람도 많다.
6 くわえ箸	젓가락을 입에 넣은 채 손으로 식기를 드는 것. 보기에도 나쁘다.
7 寄せ箸	젓가락으로 식기를 자기쪽으로 끌어당기는 것.
8 迷い箸	무엇을 먹을지 젓가락을 음식 위에서 이리저리 움직이는 것.
9 変わり箸	한 번 젓가락으로 집었던 것을 도로 내려놓는 것.
10 ねぶり箸	젓가락에 묻은 음식을 입으로 떼는 것.
11 箸移し	두 사람이 젓가락에서 젓가락으로 음식을 건네는 것. 사람이 죽었을 때 두 사람이 젓가락으로 유골을 들기 때문에, 보통 식사 때에 가장 나쁘게 생각하는 젓가락질.
12 犬食い	개처럼 놓인 그릇에 입을 가져가 먹는 것.

이 밖에 일본인은 자신의 젓가락이 닿은 음식을 다른 사람이 먹게 하는 것은 실례라고 생각합니다. 다 함께 먹는 음식을 자신의 젓가락으로 집을 때는 사용하지 않은 반대쪽을 쓰는 사람이 많습니다. 또 젓가락 사용법 외에 입에 음식을 잔뜩 넣은 채로 말을 하지 않는다든가 식사의 매너는 여러 가지가 있습니다. 매너를 지키는 것은 식사를 함께 하는 사람에 대한 배려입니다. 그러나 매너를 지키려고 신경쓰다가 맛을 모르게 되도 재미없겠죠. 즐거운 대화를 나누면서 약간의 매너 위반은 따스한 마음으로 받아들이는 마음도 소중하지 않을까요?

質問 ❶ (①)과 (②)에는 어떤 말을 넣으면 좋을까요?

1 ①있어서 ②따라서
2 ①따라서 ②있어서
3 ①있어서 ②대해서
4 ①대해서 ②대해서

質問 ❷ 다음 설명은 어느 젓가락질 방법입니까?

스키야키, 전골 요리 등 모두가 하나의 그릇에 담긴 음식을 먹을 때 하면, 양쪽이 모두 직접 음식에 젓가락이 닿기 때문에 가장 싫어합니다.

1 渡し箸
2 さぐり箸와 涙箸
3 涙箸
4 さぐり箸와 変わり箸

質問 ❸ 다음 그림과 설명이 다른 것은 어느 것입니까?

3

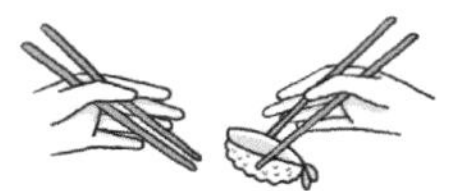

渡し箸

質問 ❹ 식사의 매너에 대해 어떻게 설명합니까?

1 매너는 지키지 않아도 전혀 문제가 없습니다.
2 매너를 지키면 음식의 맛을 알 수 없습니다.
3 매너가 좋아도 대화가 이루어지지 않는 것은 좋지 않습니다.
4 매너는 알고 있으면 지키지 않아도 충분합니다.

質問 ❺ 식사 매너의 차이에 대해 어떻게 설명하고 있습니까?

1 한국과 일본은 매너가 반대입니다.
2 나라가 다르면 매너가 다르다는 것을 알고 있는 편이 좋습니다.
3 어느 나라나 통용되는 공통의 매너라는 것은 없습니다.
4 매너에 차이가 있다면, 지금 있는 나라의 매너를 지켜야 합니다.

質問 ❻ '그런 습관을 아는 것은 서로를 이해하기 위해 중요하다'라고 쓰여 있는데 어째서입니까?

1 일본의 습관을 알고 있으면 면을 먹는 소리가 맛있는 소리로 들리기 때문에
2 밥그릇을 들지 않는 한국인을 봐도 버릇이 나쁘지만 하는 수 없다고 생각하기 때문에
3 상대와 똑같이 할 수 있기 때문에
4 밥그릇을 들지 않는 한국인을 봐도 그 행동이 당연하다고 이해할 수 있기 때문에

|해설| ❶ 行儀ぎょうぎが悪わるい 예의가 없다

❷ ぞっとする 소름끼치다, 오싹하다

❸ だからといって 그렇다고 해서

❹ ふたをする 뚜껑을 덮다

❺ 동사의 기본형 · 과거형+通とおりにする ~대로 하다
- 親おやの言いう通とおりにする 부모님 말씀대로 하다
- 本ほんに書かいてある通とおりにする 책에 적힌 대로 하다
- 説明せつめいした通とおりにする 설명한 대로 하다

❻ 동사의 ます형+終わる (끝까지)다 ~하다, ~가 다 끝나다
- 話はなし終おわる 이야기가 끝나다
- 読よみ終おわる 다 읽다

❼ 見みた目めが悪わるい 보기에 좋지 않다

❽ 口くちで取とる 입으로 떼어내다, 입으로 집다

10

현재 일본에서는 결혼하지 않는 사람이 늘고 있습니다. 1970~2000년대 사이에 20대 후반 여성으로 결혼하지 않은 사람의 비율은 18%에서 54%로 3배 가까이 증가하여, 거의 반절 이상이 결혼하지 않은 상태가 되었습니다. 또 30대 후반의 여성이라도 14%가 결혼하지 않았다고 합니다.

정부의 조사에 따르면, 미혼자 4명 중 1명이 '결혼하고 싶은 마음이 없다', 장래에도 '결혼할 예정이 없다' 라고 대답했다고 합니다. 그리고 결혼하지 않는 이유로는 '적당한 상대를 만나지 못해서'가 약 60%로 압도적으로 많고, 그 다음은 '자유로움과 마음 편한 생활을 잃고 싶지 않다', '결혼 뒤의 생활 자금 부족' 이 이어졌습니다. 남녀의 차이가 나타나는 것은 3위에 있는데, 남성은 '결혼 자금, 결혼 후 생활 자금 부족'이라고 경제적인 이유를 들고 있는 것에 반해, 여성은 '자유와 마음 편한 생활을 잃고 싶지 않다'로 생활 방식을 이유로 들었습니다.

특히 도쿄 중심에 사는 30대 여성은 반 이상이 독신이라고 합니다. 대표적인 그녀들의 의견을 소개하겠습니다.

A씨 독신주의는 아니지만 일이 재미있고, 작년에 아파트도 샀고, 자유롭게 지낼 수 있는 지금의 생활을 잃고 싶지 않아요. 아파트를 내 취향대로 꾸며 놓았는데, 그곳에서 여유롭게 커피를 마시고 있으면 정말이지 행복해요. 그러니 결혼해서 지금보다 경제적으로 힘든 생활은 하고 싶지 않아요.

B씨 좋아하는 일도 못하고 가족을 위해서만 희생하는 어머니의 삶을 보니 결혼 생각이 없어졌어요. 아이를 키우기보다 어학 능력을 살려서 전 세계를 날아다니는 지금의 일을 계속하고 싶어요. 뭐 이런 생활을 계속할 수 있다면 결혼해도 좋다고 생각해요.

C씨 25일이 되면 갑자기 값이 떨어지는 크리스마스 케이크에 비유하며 여성은 24살 전에 결혼하는 게 낫다고 말하던 시대도 있었던 것 같지만, 최근에는 그런 말을 하지 않게 되었죠. 저희 부모님은 좋은 사람이 없다면 무리해서 결혼할 필요는 없다고 하세요. 결혼하자마자 이혼하는 사람도 있고, 이상한 사람과 결혼하면 더 큰일이니까요. 조만간 좋은 사람이 생기면 결혼하겠지만, 당분간은 지금의 생활을 즐기고 싶어요.

D씨 일에 빠져 있는 동안 지금의 나이가 돼 버렸어요. 이제 와서 결혼을 하고 가정을 꾸려 아이를 낳고 생활을 하기에는 너무 늦은감이 있어요. 경제적으로는 충분하지만 병들었을 때를 생각하면 역시 불안하죠.

E씨 부모님이 이혼한 일도 있고 해서 어릴 적부터 결혼하고 싶다는 생각은 안 했어요. 아파트 대출도 있고, 생활을 위해서 일도 계속할 겁니다.

F씨 결혼한 친구들의 생활을 보면 독신 시절에는 빛이 났었는데 지금은 사라지고, 정말로 생활에 지쳐 있는 듯 보여요. 아이가 귀엽기는 하지만, 자신의 생활이 전혀 없다는 건 저는 생각할 수도 없습니다. 다들 사람들을 만날 시간도 돈도 없어요. 전 경제적으로 여유 없는 생활은 싫어요. 평생 지금처럼 살 생각입니다.

質問 ❶ **정부의 조사에서 알 수 있는 것은 무엇입니까?**

1 결혼의 필요성
2 경제력과 결혼의 관계
3 결혼하기 위해 필요한 것
4 일본의 미혼자가 결혼하지 않는 이유

質問 ❷ **일본의 결혼 사정에 대해 설명하고 있는 것은 어느 것입니까?**

1 30년 사이에 독신 여성의 비율이 3배로 늘었다.
2 30대 여성 중 결혼하지 않은 사람의 비율이 도쿄 중심부에서는 50%를 넘는다.
3 30대 후반의 여성 14%가 결혼할 생각이 없다.
4 일본의 독신 남녀 비율은 점점 떨어지고 있다.

質問 ❸ **이 문장의 내용으로 알맞은 것은 무엇입니까?**

1 일하지 않는 여성은 결혼했다.
2 부자인 남성은 결혼하지 않는다.
3 결혼하지 않아도 좋다고 생각하는 여성이 늘고 있다.
4 결혼하지 않은 사람 쪽이 일의 능력이 좋다.

質問 ❹ **결혼하면 자유가 없어진다고 말하고 있는 사람은 누구입니까?**

1 A씨와 E씨
2 A씨와 B씨
3 B씨와 F씨
4 A씨와 B씨와 F씨

質問 ❺ **독신주의인 사람은 누구입니까?**

1 E씨
2 D씨와 E씨
3 E씨와 F씨
4 D씨와 E씨와 F씨

質問 ❻ **결혼으로 생활 수준이 떨어진다고 생각하는 사람은 누구입니까?**

1 A씨와 B씨
2 B씨와 F씨
3 A씨와 F씨
4 A씨와 B씨와 F씨

| **해설** | ❶ ~に夢中むちゅうになる ~에 열중하다, ~에 빠지다
❷ ~ように見みえる ~인 듯 보이다, ~인 것 같다 〈주관적인 느낌이나 판단〉